山のABC

Q&A 登山の基本

ワンダーフォーゲル編集部編

ヤマケイ新書

JN096002

目次

1

山に行く前に

山の食べ物

トレーニング

2

山を歩く

57

山へのアクセス

歩き方

3

山登りのヒント

執筆
いがりまさし／伊藤俊明／大関直樹
大塚敏之／柏 澄子／川原真由美
小林由理亞／佐藤慶典／須藤ナオミ
田代博／挾間美優紀／松崎展久
水谷和政／宮川哲／森山伸也

監修
猪熊隆之／北島英明／佐藤裕一郎
高橋伸定／武川俊二／棚橋靖
田辺剛／柘植広昭／松井茂
松原尚之／村木良博／芳須勲

カバー&フォーマットデザイン
尾崎行欧／宮岡瑞樹／本多亜実(oi-gd-s)

DTP
千秋社

写真
いがりまさし／奥田晃司／加戸昭太郎
亀田正人／柄沢啓太／木村文吾
小山幸彦(STUH)／菅原孝司／中村成勝
中村英史／ピッキオ／星野秀樹
水谷和政／矢島慎一
山梨県富士山レンジャー／渡辺幸雄

イラストレーション
村林タカノブ

編集
大関直樹／西村怜(山と溪谷社)

校正
戸羽一郎

1

—

山に
行く前に

Q 登山ってなに?

A 山を歩くことだが、大きく3つのジャンルに分けられる

登山とは読んで字のごとく「山に登る」ことだが、その対象となる山は標高数百mの里山から8000mを超えるヒマラヤまで。登り方も多様である。ここでは国内の山を対象に、大きく「ハイキング」「一般登山」「バリエーションルート登山」の3つに分類して考えてみよう。

自然に親しむ「ハイキング」

ハイキングは一般的に距離が短く、起伏もあまり大きくない山や高原など歩くことをいう。特に山頂をめざす必要はない。道端に咲く植物を愛でたり、遠くから聞こえてくる鳥のさえずりに耳を澄ますなど、歩くことで地域の自然や文化に親しむのが目的である。歴史ある神社仏閣をつなぐ古道や巡礼道歩きなども、ハイキングのひとつである。

未経験者が山登りに慣れるには、まずはハイキングから始めるのがよい。ただし、のんびりとした高原歩きでも、水・行動食・地図やガイドブックは必ず携行しよう。体を動かすときに水分不足や空腹だと体調不良になる恐れがある。また、高原や里山などは道標などが整備されていないことがあるので、道迷い防止のためにも地図などのコース資料は必ず持っていきたい。

山頂をめざす「一般登山」

ハイキングは、自然のなかを歩くこと自体を楽しむものだ。それに対して一般登山は、登山道を歩いて山頂に立つ(ピークハント)ことを目的とする。このうち、ひとつの山頂に登って下るのを「単独登頂」、2つ以上の山頂を結んで歩き、登路とは別のルートで下山することを「縦走登山」という。一般的に縦走路は、森林限界を超えることが多いので、視界をさえぎるものがなく大展望を満喫できるのが魅力だ。

一般登山でも、日帰り登山と3000m峰を数日間かけて縦走するのでは、必要な技術と体力に大きな違いがある。高山の縦走登山に挑戦するには、数日間の登下降を続ける基礎体力、適切な水分・栄養補給法や地図読み技術、ハシゴやクサリ場を確実に歩く歩行技術などを身につけなくてはならない。また、

装備に関しても、透湿性防水素材の雨具や軽い防寒具など、登山用のギアが必要だ。誰でも気軽に出かけられるハイキングとは違い、準備や手間がかかり登山中も体力的に苦しいことがあるが、その分、山頂に立ったときの喜びは大きい。

専門技術が必要な「バリエーションルート登山」

バリエーションルート登山には、沢伝いに遡行（川を上流に上ってゆく）する「沢登り」や岩稜・岩壁を登る「クライミング」などがある。いずれにせよ登山道がなく自分でルートを見つけながら急傾斜や不安定な地形を進むので、ルートファインディングやロープワークなどの技術と経験が必要だ。

このような登山は、「一般登山」とは違って、管理されていない大自然に直接触れられるという楽しさがある。初心者のなかには、「クライミングやロープワークの技術なんてバリエーションルート登山に必要なものでしょ。私のような一般登山者には関係ない」と思う人がいるかもしれないが、これらの技術は覚えておいて損はない。縦走登山でも、クライミング技術を使うことで、より楽しく、より安全に登れることが多い。最近は、書籍だけでなくガイド講習やアウトドアショップ主催の登山講座など、実地で教わることのできる機会がたくさんある。このようなワークショップに積極的に参加してみるのもよいだろう。

登山のジャンル

無雪期の一般登山
- 日帰りハイキング
- 単独登頂
- 縦走登山
- 海外トレッキング

積雪期の登山
- スノーハイク
- 雪山登山（単独登頂・縦走登山）
- バックカントリースキー・
  スノーボード

バリエーションルート登山
- クライミング（フリークライミング・
  アルパインクライミング）
- 沢登り
- ヤブ山登山

Q 登山では どんな山に登るの?

A 決めるのはあなた次第。標高差や気象条件なども考慮しよう

日本は国土の約70%が山岳地帯であり、最低峰といわれる標高4.5mの天保山から最高峰の富士山(標高3776m)まで多種多様な山がある。緯度や気候にもよるが、一般的には、標高が1000m程度までの山を低山、2500m程度までを中級山岳、3000m前後を高山と呼ぶことが多い。登山者に人気の日本アルプスは、飛騨山脈(北アルプス)・木曽山脈(中央アルプス)・赤石山脈(南アルプス)の3つの山脈の総称で、3000mを超える高山が連なっている。

ちなみに日本にある3000m峰は全部で21座。独立峰である富士山(1位)と御嶽山(14位)を除いてすべて日本アルプスの山が占めている。近年、映画などで話題になった剱岳は標高2999mで、3000mにわずか1m届いていない。

山の標高とコースの標高差

山の標高が高くなるのに比例して難易度も増す傾向があるが、必ずしもすべてにあてはまるわけではない。たとえば北アルプスの乗鞍岳は、標高が3000mを超える高山だが約2700mの畳平までバスで入山できるので、山頂までの歩行時間は、わずか1時間30分ほどだ。

山の難易度は、登山口から山頂までの標高差にも大きく左右される。谷川岳の場合、ロープウェイやリフトを使うと天神尾根から山頂までの標高差は約500mだが、麓から西黒尾根を登ると約1230mでクサリ場もあるため、必要な体力や技術が大きく違ってくる。登山計画を立てるときは、コースの違いによる標高差や地形を考えることも大切だ。

コースによって難易度が大きく変わる谷川岳

初心者でもラクに山頂に立てる3000m峰、乗鞍岳

山域によって気象条件が違う

日本列島は南北に長いため、山域によって気候や気温などの環境条件が違う。その例としてよく挙げられるのが、「森林限界」だ。「森林限界」とは高木が生育できる限界高度を示すものだが、おもに気温と降水量が関係している。

山域別に「森林限界」を比較してみると、北海道の利尻岳では標高約500m、大雪山や日高山脈で約1000〜1500m、東北地方の山で約1600m、日本アルプスでは約2500mといわれている。高緯度になればなるほど平均気温が低くなるので、標高が低くても季節によってはそれなりの防寒装備が必要となる。

『日本百名山』(著:深田久弥)とそのガイドブック

登山入門書として最適な『日本百名山』

『日本百名山』とは、作家・深田久弥が自分の登頂した日本全国の山のなかで「品格・歴史・個性」を基準に100座を選定したものだ。1990年代半ばからテレビ番組などで取り上げられたこともあって、中高年登山者を中心に「百名山ブーム」が起きた。このブームは百名山だけに登山者が集中し、登山道の荒廃や山小屋の混雑などの弊害も指摘されたが、登山初心者に山の魅力を伝える良書であることは間違いない。

また、人気になるだけあってアクセスしやすい山が多く、道標などもよく整備されている。これから山を始めようとする人は、『日本百名山』を手に取って、そこから自分の興味のある山を選んでみるのもよいだろう。

日本百名山の登山コースを紹介するガイドブックも数多く出版されているため、事前の下調べがしやすい。また、観光地として地元の自治体の観光課や観光協会なども最新情報を把握していることが多いので、登山道や公共交通の状況などは電話で問い合わせるとよいだろう。

ハイマツと岩稜帯が広がる、森林限界を超える高山

Q 季節によって山の登り方って違うの?

A 四季によって登り方はそれぞれ違う

山の登り方は積雪の有無によって大きく変わってくる。無雪期の一般登山は登山道が明瞭で、道標や岩につけられたルートを示すペイントなどもはっきりとしている。地図をきちんと読めたら、道に迷う危険はそれほどない。滑落の危険がある場所もクサリやハシゴなどの補助器具が設置されていることが多い。

それに対して積雪期は、登山道や道標が雪に埋もれているので、読図に加えて自分でルートを見つけながら歩く能力（ルートファインディング）も必要だ。加えて、雪崩・雪庇崩壊・凍傷・ホワイトアウトなどのリスクをマネジメントしなくてはならない。初心者はまず無雪期の登山から始めるのがセオリーだ。

登山最適期は
梅雨明けから9月まで

登山では4～6月を春山、7～8月を夏山、9～11月を秋山、12月～3月を冬山と考えるのが一般的だ。4月になると下界では気温がグンと上昇し春の陽気となるところが多いが、ほとんどの山ではまだ残雪がある。

GWでも中級山岳や高山に出かける場合は、アイゼンや防寒具など冬山と同程度の装備が必要だ。また、春は移動性高気圧や温帯低気圧が交互に通過することによって、好天から暴風雪に天気が急変することがあるので気をつけたい。梅雨時は下界と同じで曇りや雨が続くことが多いが、梅雨の中休みで晴れ間が出ることもある。この時期は新緑や高山植物の見頃でもあり、登山者の数もさほど多くないので、天気予報を調べながらチャンスがあれば、出かけてみよう。

梅雨が明けてから9月までは、一年で最も積雪が少なく気温も高いので、全国どこの山も登りやすい。この時期は登山のベストシーズンだけあって、日本アルプスなどの人気の山域は多くの登山者でにぎわう。休暇をとって長期の縦走登山にチャレンジするのもよいだろう。真っ青に晴れた空のもと、稜線を吹く涼しい風に吹かれて歩くのは、夏山ならではの醍醐味だ。その一方、夏山では台風や落雷、ゲリラ豪雨などが発生することもあるので、天候の変化には充分気をつけよう。

秋・冬山はそれなりの装備を

9月も中旬を過ぎると日照時間が短くなり、山の朝晩はグッと冷え込む。また、登山口までのバスの本数なども夏に比べて少なくなるので、山行計画を立てるときは留意したい。9月下旬から10月上旬には、北海道の大雪山や北アルプスの涸沢（からさわ）など高緯度・高標高の山域で紅葉の見頃となる。美しく色づく景色を求めての山歩きも楽しい。ただし、山小屋やテント場は混雑する。日本アルプスや中級山岳では11月になると積雪があり、冬山装備が必要だ。初心者がこの時期に山に出かけるなら、低山に絞ったほうがよい。

12月以降は本格的な冬山のシーズンだ。積雪の多い冬山登山は、前述のようにリスクが高く技術も要求される。ただし、山麓をスノーシューで歩くなど、安全に冬山を楽しむプランもある。雪山は、いきなりピークをめざす登山ではなく、スノーハイキングから始めて徐々に慣れてゆくのがよいだろう。

春山は新緑や梅、山桜などが咲き誇る

夏は登山に絶好の季節。縦走が楽しめる

秋は紅葉が美しいが、気温はグッと下がる

積雪のある冬山は、体力と技術が必要だ

山行スタイル別登山適期カレンダー

	1月	2月	3月	4月	5月	6月	7月	8月	9月	10月	11月	12月
日帰りハイキング	◀											▶
単独登頂・縦走登山						◀				▶		
海外登山	◀											▶
スノーハイク・雪山登山	◀				▶						◀	▶
クライミング						◀				▶		
沢登り				◀						▶		
ヤブ山登山				◀						▶		

Q 仲間がいない。ひとりで登山を始めても大丈夫?

A ひとり歩きにはリスクがあるが、メリットもある

山といえば遭難、遭難といえば山。登山には危険なイメージがつきまとう。さらに、初心者がひとりで山に登ろうとするとなにかと不安を感じるものだし、周囲も心配するだろう。山に行くと、警察署などが設置した「単独登山はやめよう」といった看板を目にすることがある。これは、ひとり歩きの人が事故などに遭った場合、独力では応急処置や救助要請が難しく、目撃者も少ないことから捜索そのものが難航するためだ。つまり、ひとり歩きはリスクが高いといえる。安全管理の点からいえば、初心者は登山経験の豊富な友人・知人に同行してもらうのが安心だ。

ひとり歩きはメリットも

しかし、実はひとりで登山を始めると、よいこともある。単独で山に登るためには、自分の体力や経験を分析してコースを選び、計画を立てて実行する必要がある。つまり、登山に必要な作業をすべて独力で行なうため、山登りの技術を確実に身につけることができるのだ。経験者と山に行くとどうしても頼りがちにな

り、歩いたコースの名前もわからない、なんてことも起こりうる。計画からひとりで実行すれば、登頂の喜びも倍増するというものだ。

また、気ままに歩けるのもひとりのよいところだ。自分の好きなタイミングで休憩したり、写真を撮ったりできるうえ、体調が悪ければ当日でも気兼ねなく中止できる。

単独の不安を軽減するコツ

ひとり歩きの不安には、「山の中をたったひとりで歩くのが怖い」という漠然としたものもある。でも、週末の人気コースなら大勢の登山者でにぎわっているはずだ。自分はたったひとりでも、そのコース自体に人が大勢いれば、心細さは軽減されるだろう。そうした登山者の多いコースを何度も登って経験を積み、自然そのものをダイレクトに感じられる、人の少ないコースへ移行していくのがおすすめだ。

ひとりで歩くときの注意点

なによりも無理のない計画を立て

ることが大切だ。自分の体力は平均的なのか、それ以下なのかによって、ガイドブックなどのコースタイムどおりに予定を組むか、長めに見込むかを判断しよう。山歩きに慣れるまでは岩場やクサリ場などの危険箇所があるコースは避け、「人気」「初級」などのキーワードでネット検索をして行き先を探してみよう。近郊の日帰りハイキングでは、登山口までバスが運行されているコースは人気が高く、登山道や道標がよく整備されている傾向がある。

計画を立てたら、事前に家族や友人に行き先や下山予定を告げておくこと。P24で紹介する「登山計画書」を渡しておくのがいちばんだが、少なくとも行き先の山名とコース名、下山予定日時を知らせておき、無事に下山したらすぐに連絡を入れるようにしよう。こうしておけば、万が一、下山しなかった場合でも、家族や友人から警察等にスムーズに捜索願を出してもらえる。

ひとり歩きのメリットとデメリット

メリット

- 登山を自分で行なうための実力がつく
- 自分の都合だけで登山を計画できる
- ペースや行動予定を好きなように設定できる

デメリット

- 独学で知識を身につける必要がある
- 重傷を負った際の応急処置が難しい
- 緊急時の捜索が難航することがある

ひとり歩きはリスクも高いが、登山力が磨かれるメリットもある

雪山のひとり歩きは、夏山よりもリスクが高い。くれぐれも慎重に

Q 一緒に山に登る仲間が欲しい。どうすればいい?

A 方法はいろいろ。自分の志向に合った山仲間を見つけることが大切だ

　単独行者なら誰でも、ほかのにぎやかなパーティを横目に、己のさびしさをかみしめた経験があるものだ。また、道に迷ったり体調を崩して、ひとり歩きのリスクを痛感したり、雪山や岩登り、沢登りなど次のステップへ進もうとしたときに、単独登山の限界を感じることがあるかもしれない。そんな単独行の欠点をカバーしてくれるのが、信頼できる山仲間の存在だ。

　山仲間は自分が夢見る山登りを実現するための強力な味方となるが、自分が求める山仲間像と一致していなければならない。山仲間を探すときは、「どうして仲間が必要なのか」「自分がやりたい山登りとは何か」「どんな山仲間を求めているのか」をよく考えておくとよい。

山登りに合った会を探すことが大切だ。山岳会のメリットとしては、自分の志向に合った仲間がつくれること、先輩から技術を学びながらステップアップできることなどがある。一方で、会則の遵守や運営への協力など、団体に所属する以上、義務もある。会を探すときは、インターネットや登山雑誌を見てみよう。都道府県の山岳連盟や勤労者山岳連盟のウェブサイトには加盟団体が掲載されており、登山雑誌には会員募集欄や山行報告欄などがあるので、どんな登山をしているのかを手がかりに探すといい。新入会員の担当者と話をして、よさそうだと思ったら集会に出席し、お試し山行に参加して入会するかどうかを決める、というのが一般的な流れだ。

山岳会とは

　山仲間といえば、同じ志向の登山者が集う山岳会が代表的だ。ハイキング中心から先鋭的なクライミングまで活動はさまざま。まずは自分のやりたい

山岳会は安全に効率よく技術を学べるが、組織の一員としての義務も発生する

講習会・登山教室に参加してみる

　山岳団体や山岳旅行会社が企画する講習会や教室に行くと、自分と同じくらいのレベルの登山者に出会える。こうしたところで仲間を探すのも手だ。参加者はレベルアップをめざす人が多いので、互いに切磋琢磨する仲間を得られるだろう。一方、ここで出会う受講者の技術レベルにそれほど差はないので、知り合った仲間から技術を教わることは難しいかもしれない。

ガイド登山・ツアー登山

　プロガイドが引率するガイド登山や旅行会社が企画するツアー登山は、プランニングから安全管理まで

お任せなので、単独では不安がある人が登山に挑戦するのにぴったりだ。比較的少人数で実施されるガイド登山ならガイドから技術を学ぶこともできるし、人数の多いツアー登山なら、新しい山仲間を見つけることができるかもしれない。

同僚や友人を誘う

　周りにいる友人・知人を山登りに誘って山仲間にしてしまうという方法もある。この場合、気心が知れた仲間で山に行くことができるが、自分が幹事役となって山に連れて行かなくてはならない。幹事やリーダーとなるためには、自分自身がある程度登山の経験を積んでからのほうがよいだろう。

左上：講習会では同じレベルの登山者と知り合える　右上：安全管理面で安心なのはガイド登山だ
下：最近は登山教室や講習会で仲間を見つける人が増えている

Q どうやって登山技術を身につけたらいいの?

A 講習会や登山教室を利用しよう

「ビギナーズラック」という言葉がある。初心者が幸運に恵まれることを指すが、登山にも同様のことが起きる。たとえば、日本で最も険しい山域である北アルプスでも、夏で天候さえよければ初心者でも登頂することは充分に可能だ。

しかし、登山は人間がコントロールできない自然が相手。天候悪化や高山病、疲労などで道に迷ったり、動けなくなった場合はどうなるだろうか。そうした天候を予測したり、体調を管理し、危険を回避する技術や知識がなければ、あるいは緊急時の対応方法を知らなければ、残るのは遭難しかない。

経験と学習をバランスよく

登山に必要な技術とは、確実に山を登り、下ってくるために必要な技術・知識のすべてだ。一般登山道の山歩きを主体とする登山の技術には、登山を計画するための知識、山道を歩くための歩行技術、山で過ごすための生活技術、ルートを見失わないための地図読み技術、天候を判断するための気象の知識、

危険を予測し緊急時に適切に対応するための安全管理の技術、などがある。非常に広範で専門性が高いものだが、まずは必要最低限の知識を偏りなく少しずつ学んでいくことが大切だ。

当たり前だが、山歩きの技術は山に行かなくては習得できない。繰り返し山に登ることでさまざまな天候や地形を経験し、自分なりの経験則をつくることで技術が培われるのだ。そうした意味で、山歩きは経験がものをいう世界である。裏を返せば、独学でも習得可能なのだ。ひとりの場合、技術解説書を読んで山に行き、また技術書を読み返す、という方法がある。人から教わるより時間がかかるが、試行錯誤しながら身につけた技術は簡単には忘れることがない。しかし、ときとして誤った理解や、欠陥のある古い技術を覚えてしまったり、専門家からの指導が必要な技術もあるので、独学に加えて登山技術講習会などで最新技術を学ぶと安心だ。

講習会や登山教室を利用すれば、初心者がステップアップするためのカリキュラムに沿って効率よく確実

な技術を学ぶことができる。また、ロープワークや読図など自分の苦手分野のテーマに絞って学ぶことも可能だ。ほかにも、新人の育成に熱心な山岳会では技術を習得するための訓練山行を実施していることも多

い。技術講習会・登山教室は都道府県の山岳連盟や山岳専門の旅行会社、登山用具店などが主催しているほか、山岳ガイドも実施している。登山雑誌やネットなどで探して、自分のレベルアップに役立てよう。

SNSで山仲間を探すときの注意点

最近はFacebook（フェイスブック）などのSNS（ソーシャルネットワークサービス）登山サークルで、気軽に山仲間を見つけることができる。ただし、ネットで知り合った人といきなり一緒に山に行くのはおすすめできない。登山レベルや体力、志向などが違うと楽しめないことがあるからだ。事前に山行計画の綿密な打ち合わせをして、相手が自分と合うかどう

かをきちんと確認しよう。

また、万が一のことを考えて、事前に緊急連絡先を共有することや、非常食・ツエルトなどのエマージェンシー装備はどうするかなども決めておこう。そして、最初は余裕をもった日帰り山行から始めて、お互いの信頼関係が出来上がってきたら宿泊をともなった山行へと徐々にステップアップするのがおすすめだ。

Q 山行計画の立て方を教えて!

A 計画に必要な情報収集から始めよう

計画を立てるには参加者情報、コース情報、アクセス情報、気象情報が必要だ。まずは登山参加者の技術や経験、判断力など、登山する能力"登山力"を把握することが重要。参加者の登山力がわかったら、次はルートづくり。コースの難易度や参考タイムなどを見ながら、参加者の登山力や日程に合ったルートづくりを行なおう。登山口と下山口が決まれば、往復のアクセスについても調べられる。

アクセスが確定したら、登山道に通行止めや危険な箇所がないかなどを役場や山小屋へ問い合わせよう。あとは気象情報をチェックし、問題がなければ登山計画書を提出して、山行という流れになる。

登山レベルに合ったコース設定を

無雪期の登山力について、経験をもとに初級者と中級者を分類する簡単な指針を示そう。

第一に「無雪期の生涯登山日数が300日を超えているか」どうか。超えていなければ、まだまだ登山において経験したことのない状況が存在する初心者と判断できる。仮に300日を超えていても、歩きやすい低山ばかりでは難易度の面で経験不足である。そこで次の設問。「無雪期に森林限界を超える山を50回以上経験しているか」である。50回以上であれば、国内の無雪期登山の経験はひと通り積んでいる中級者であると考えられるのだ。

あなたは 初心者? 中級者?
早わかりフローチャート

無雪期の生涯登山日数が
300日を超えている?

Yes　No　まだまだ初心者

無雪期に森林限界を
超えるような山に
50回以上登ったことがある?

Yes　No　もう少しで中級者

中級者

情報収集から山行までの流れ

1. 参加者の登山力を把握

↓

2. コース情報を得てルートづくり

↓

ガイドブックや地形図を参考にルートづくりを行なう。岩場やクサリ場などの危険箇所、水場や小屋の位置などにも留意し、参加者に合った難易度、スケジュールで計画を立てる。

↓

3. アクセスを確認

↓

4. 登山道の現況を確認

↓

ガイドブックなどの情報は古い場合があるので、現況確認は必須！ 登山道が荒れていないか、雪の状況や徒渉が困難ではないかなどを確認、山行が実行可能かどうか判断する。

↓

5. 気象情報をチェック

↓

6. 登山計画書を提出

↓

登山届

計画が決まったら、登山計画書（登山届）を作成し、家族や目的山域を管轄する警察、登山口のポストへ提出する。最近はネット上で書き込み、そのまま提出できる山域もある。

↓

7. 山行へ

Q 登山計画書ってなに?

A 遭難時に捜索の手がかりとなる情報をまとめたもの

決まったフォーマットはないので、必要事項のみを手書きしてもいいし、警察署や冊子などにある用紙を使ってもいい。計画書は基本的には遭難してはじめて使用されるものだ。捜索の手がかりになるよう、できるだけ詳しく書いておきたいが、少なくとも日程とルート、参加者の情報は記入しておきたい。

計画書は3通用意し、1通は参加者が登山中に所持、もう1通は家族や知人に、最後の1通は目的の山域を管轄する警察、または登山口のポストへ提出する。捜索は家族や知人からの捜索願で始まることが多い。計画書を渡すとともに、「いついつまでに帰ってこなかったら、警察に連絡を」と伝えておくことも大切だ。

登山計画書（登山届） 平成 25 年 ○月 X 日

○X警察署 御中

目的の山域・山名			北アルプス・穂、続高		
	入山日	8/1		最終下山日	8/4（予備日含む）
役割	氏名 生年月日	性別	年令	住所 電話（携帯電話）	緊急連絡先・氏名 住所または電話（携帯電話）
CL	ワンゲル太郎 昭和X年○月X日	男	40	東京都千代田区○町0-0 090-0000-0000	ワンゲル花子 090-0000-0000
SL	ヤマケイ次郎 昭和X年○月X日	男	38	神奈川県横浜市○町0-0 090-0000-0000	ヤマケイ華子 045-0000-0000(自宅)
	ヒュッテはなこ 昭和X年○月X日	女	36	神奈川県川崎市○町0-0 090-0000-0000	ヒュッテたろう 090-0000-0000

日程	行動予定
(1) 8／1	上高地 6:00 ＞横尾 9:00 ＞穂沢ロッヂ 11:00 ＞穂生ヒュッテ 15:00
(2) ／2	穂生ヒュッテ6:00 ＞穂ヶ岳8:00 ＞南岳 11:00 ＞北穂南小屋 13:00
(3) ／3	北穂南小屋6:00 ＞涸沢8:00 ＞横尾 10:00 ＞上高地 13:00
(4) ／4	予備日
(5)	
悪天・非常時対策 エスケイプルート	エスケープルート：穂ヶ岳 ＞穂平・南岳 ＞穂平

◎所属している山岳会・サークルについて記入してください。

団体名	アルパインクラブ○X		
所属 ○X△		山岳連盟（登録会）緊急連絡先	
代表者氏名	○X太郎	氏名	代表者に同じ
代表者住所	東京都八王子市○町○	住所	
代表者電話	042-000-0000		
代表者携帯電話	090-0000-0000	救助体制	ある（　名）なし
捜索費用にあてる保険加入の有無	ある なし	保険会社名	（○X保険　　　）

日程欄には時系列で出発地点・分岐・目的地を記入

その日予定される出発の時間と場所を記入し、通過する山や地点を時系列で記していき、最後に目的地と到着予定時刻を記入する。出発地から目的地の間は、分岐したあ

とにどのコースを歩く予定なのかがわかるように必要最低限のルートを記入すればよい。

日程欄の出発や到着の時刻はあくまでも予定なので、おおざっぱでもかまわない。それよりも自分たちの歩くコース取りをわかりやすく記入しよう。

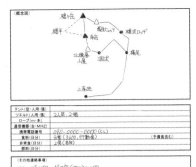

テント[型・人用・張]	
ツエルト[人用・張]	2人用、2張
ロープ[m・本]	
通信機器[台・MHZ]	
携帯電話番号	090-0000-0000 (CL)
食料[日分]	4食(3人分、行動食)
非常食[日分]	2食(各自)
燃料[日分]	

（その他連絡事項）
ストーブ 1個、ガス缶(250)×1個

提出先　家庭、クラブ（山岳会）、職場、学校など
　　　　山域の登山指導センターや案内所、登山口の登山届ポストなど
　　　　登山地域の都道府県警察本部地域課（北海道と各県庁所在地にあります）
　　　　または山域を管轄する警察署、交番、駐在所
注意　　登山計画書を提出したところには、必ず下山の報告をすること
　　　　条例に基づく登山届（提出義務があります）は所定の届出先に提出すること

※ 登山計画書の記入例については、(社)日本山岳協会のホームページまで
　　http://www.jma-sangaku.or.jp/

エスケープルートとは?

エスケープルートとは、短時間で下れる避難路のこと。登山中は何が起こるかわからない。不意のケガや悪天候などで、予定していたようにコースを進めないことも考えられる。そうなった際、予定のコースよりも素早く安全に下山できるように設定するのが避難路、つまりエスケープルートだ。山行中のアクシデントに備えて、エスケープルートを設定する際は、ケガや悪天でも安全に下れそうかどうかを事前にチェックしておこう。

装備欄の記入方法

ツエルト・ストーブ・燃料など、捜索時に役立つ情報だけでも充分だ。レインウェアやヘッドランプなど、登山の必須装備をわざわざ事細かに記入する必要はない。

不運にも遭難してしまった際に、自分たちのパーティがストーブで暖をとれるのか、雨風をしのげるのか、といったことが捜索側にわかればいい。テントやツエルトのサイズ、張数、ストーブと燃料の量などを記入するだけでも充分だ。

入山前には必ず登山届の提出を！ 最近は「コンパス」のようにウェブサイトでも提出できる

Q 自分でも登れる 山の探し方は?

A ガイドブックなどを見て、自分の登山力を ちょっと超える程度のコースを選ぼう

新緑の景色を眺めたい、高山植物の咲き乱れる登山道を歩きたいなど、目的の山を選ぶのは、山行計画において最も楽しく、創造的な作業といえる。とはいえ、自分の登山力を大幅に超えるコースを選んでしまっては楽しい登山はおろか、危険さえ生じてしまう。まずは、自分の登山力を少し超える程度の難易度のコースを選び、徐々にステップアップするのが基本だ。

コース選びはガイドブックで

ガイドブックや登山地図などを見れば、コースの難易度や危険箇所、コースタイムなどが掲載されている。

インターネットのSNSなどで閲覧できる登山道の様子や危険箇所の写真なども、ある程度コース選びの際の参考にするといいだろう。今までの登山経験よりも、標高や勾配、険しさ、歩行時間、季節などにおいて、少しずつ難易度を高く設定していこう。

下のイラストに「まったくの初心者」がどのようにステップアップすればいいか示した。最初は危険が少なく、整備された登山道のある低山から始め、少しずつ標高を上げ、さらに同じ標高でも険しさを上げていく方法をとるといい。同じ山でも、より難易度の高いコースへステップアップするという方法もある。

Step6
険しい部分もある標高3000m級の山に挑戦
【例】北アルプス・奥穂高岳（3190m）、北穂高岳（3106m）、槍ヶ岳（3180m）
【条件】2泊3日程度、登山道に岩稜やクサリ場など険しい部分がある、要所に山小屋がある

Step5
比較的安全性の高い標高3000m級の山へ
【例】南アルプス・仙丈ヶ岳（3033m）、北アルプス・立山（3015m）
【条件】1泊2日程度、登山道がよく整備されている、緊急時の避難が行ないやすい、アクセスがいい

Step4
勾配がきついがよく整備された登山道の標高2000m級の山に挑戦
【例】北アルプス・燕岳（2763m）、南アルプス・鳳凰山（2841m）
【条件】1泊2日程度、勾配がきついが危険箇所が少ない登山道、山小屋や避難小屋が適度にある

Q 参考コースタイムどおりに計画していいの?

A 個人差があるので余裕をもった計画を!

ガイドブックなどに掲載されている参考コースタイムは、一般的な成人が小屋泊の荷物で歩いた場合の想定となっていることが多い。

計画を立てるときはこの参考コースタイムを基準に行なえばいいが、山行のペースは個人やパーティによっても違うので、ギリギリで行程を組むのではなく、日没の2時間前には確実に目的地に着くような、余裕をもった行程を心がけよう。

ちなみに、平均的な体力をもった30代の人であれば、登り・下りともに参考コースタイムの1割減。40歳以上の中高年であれば、2~3割増を目安にするといい。

参考コース日程が1泊2日の行程を日帰りするのもアリ

「長い休みがとれない。もう1日長く休めたら…」という人は多いだろう。そんなときは1日あたりの歩く距離を延ばして、行程を短縮できないか検討してみるのもいい。もちろん普段よりも強行軍になるので、自分の登山力を把握した人で、安全に留意したうえでだが、1泊2日の行程を日帰りにしたり、2泊3日の行程を1泊2日にすることも充分可能だ。

30歳代までは…

参考コースタイムの
1割減を目安に

中高年は…

参考コースタイムの
2~3割増を目安に

Step3
比較的安全性の高い
標高2000m級の山へ
【例】八ヶ岳連峰・編笠山（2524m）、奥秩父・金峰山（2599m）
【条件】日帰り~1泊2日程度、岩やハシゴなど足場の悪いところがある、道標がしっかりしている

Step2
標高1000m級の低山ハイキングへ
【例】静岡県・天城山（1406m）、山梨県・茅ヶ岳（1704m）、山梨県・三ツ峠山（1785m）
【条件】日帰り、登山道の勾配が緩い、道迷いの可能性が低い

Step1
まったくの初心者
【例】東京都・高尾山（599m）、神奈川県・大山（1252m）
【条件】日帰り、よく整備された登山道、安全性が高い

Q おすすめのコースを教えて!

A 「山のグレーディング表」を活用しよう

登山では、安全のために自分の体力や技術をきちんと見極めたうえで山やコースを選ぶ必要がある。

山行計画を立てるときに頭に入れておきたいのが、同じ山でもコースによって難易度に差があることだ。たとえば、甲斐駒ヶ岳に登る場合、北沢峠から往復するならコースタイムは約7時間、標高差は約1000mだが、黒戸尾根から北沢峠に縦走する場合は、約12時間で標高差約2200mを登らなくてはならない。このようにコース取り次第で難易度は大きく変わってくるので、事前に「山のグレーディング表」などでしっかり調べよう。「山のグレーディング表」とは、日本の主要山岳エリアである長野県や山梨県、静岡県などが、登山ルートの地形や特徴に基づいて体力度(10段階)と技術的な難易度(A〜Eの5段階)で評価・分類したものだ。現在10県・1山系で合計949ルートが評価されている(令和2年3月現在)。

また、標高が低ければやさしい山、高ければ難しい山とは限らない。標高が低く人気がない山は登山道や道標が整備されておらず、道が不明瞭なこともある。実際、低山の

ほうが道迷い遭難の事例は多い。初心者は、万が一のことを考え、なるべく登山者が多い山を選んだほうがよいだろう。

初級→中級→上級と徐々に ステップアップしよう

右ページの表は日本百名山を初級・中級・上級の3つのグレードに分けておすすめコースを紹介したものだ。初級は1日のコースタイムが3時間程度で難所がほとんどなく、ハイキング感覚での登山が可能。日本百名山といってもリフトやロープウェイといった交通機関が整備されている山は、意外とラクに山頂を踏むことができる。初心者はまずはこのような山に出かけて、登山感覚を身につけるところから始めよう。

中級になると1日のコースタイムは6時間程度、岩場や雪渓歩き、急斜面の登下降もあるので、それなりに山慣れしている必要がある。コースタイム的にも日帰りは無理なので、山中で宿泊が必要になるが、最初は山小屋泊まりのほうがいいだろう。装備や食料など荷物が増えるテン

ト泊は、中級コースを実際に歩いてみて体力的に余裕があることを実感できてから考えよう。表中の中級コースの山域は山小屋も多いので、プランニングに苦労することはない。

上級は急峻な岩場やガレ場、徒渉などがあり三点支持による登降技術などが求められる。また1日の行動時間が8時間を超えることもあるので、相応の体力が必要だ。中

級コースを充分に経験したうえでチャレンジしよう。これ以上になると、一般縦走登山ではなく、バリエーションルート登山となる。クライミング技術やロープワークを身につけないと厳しい。日本百名山のなかで有名なバリエーションルートとしては、西穂高岳からジャンダルムを経由して奥穂高岳へ抜けるコース、槍ヶ岳の北鎌尾根などがある。

日本百名山難易度別おすすめコース

	山名	ルート	
初級	八幡平	周遊	アップダウンが少なく道も整備されているので、のんびりと歩ける
	草津白根山	本白根山周遊	ロープウェイを利用すると山頂までの周遊コースは約2時間
	筑波山	御幸ヶ原	百名山のなかで最も標高が低いうえ、ケーブルカーも利用可能
	霧ヶ峰	車山	2本の登山リフトを乗り継ぐと、約15分のコースタイムで山頂へ
	美ヶ原	パノラマコース	最高峰の王ヶ頭まで眺めのよい道を約1時間30分歩く
中級	谷川岳	天神尾根	天神峠駅から山頂までは標高差500m。秋の紅葉は見事
	八ヶ岳	美濃戸	美濃戸口から赤岳山頂までは1泊2日。所要時間は約9時間30分
	甲斐駒ヶ岳	北沢峠	南アルプスで最もピラミダルな形を誇る名峰。白い岩肌が美しい
	白馬岳	大雪渓	言わずと知れた大人気コース。お花畑と雪渓歩きを堪能できる
	立山	周遊	立山黒部アルペンルートを使って標高2450mの室堂へ
上級	幌尻岳	額平	通常でもひざまでの徒渉あり。増水時は通行不能のことも
	甲斐駒ヶ岳	黒戸尾根	登山口から標高差約2200m、コースタイム12時間の体力勝負
	水晶岳（黒岳）	裏銀座	北アルプスの核心部にあるため、最低でも2泊3日の行程が必要
	剱岳	別山尾根	クサリ場がある難所「カニのたてばい・よこばい」が有名
	槍ヶ岳・穂高岳	大キレット	やせた岩稜帯が続く大キレット越えは難所中の難所

Q 登山には どんなものが必要?

A たくさんあるが、登山の条件に合わせて組み合わせよう

　登山に必要な用具は、歩き、生活するのに必要な道具である。つまり、必要な装備は多岐にわたる。それらを分類すると、①ウェア、②行動に必要な用具、③生活用具、④緊急時に使用する用具、⑤その他、に分けることができる。登る山や季節、日数や宿泊方法などによってこれらの用具を組み合わせ、山に携行することになる。

　山に持っていく装備を選ぶときに重要なのが、重量と必要性のバランスだ。「絶対に必要なもの」を中心に用具を準備し、自分が背負える重量内に収められるように「あると便利なもの」を足していこう。

長袖シャツ
速乾性の素材をチョイスしよう。夏は薄手のもの、春や秋なら厚手のものを。

半袖シャツ
Tシャツなら長袖シャツと合わせやすい。夏は襟付きのシャツで首の日焼けを防止。

日帰り登山・小屋泊まり登山に必要な登山用具

ロングパンツ
ボトムスの基本はロングパンツ。速乾素材で、伸縮性のあるものが動きやすい。

ソックス
靴擦れしにくく、防臭効果もあるウールが主流。中厚のソックスを選ぼう。

帽子
紫外線防止や防寒に。季節に合わせてキャップやハット、ビーニーなどから選ぼう。

バックパック
日帰りなら20〜30ℓ、日帰りから山小屋泊までカバーするなら30〜50ℓ前後がよい。

下着
吸汗速乾性のものが不可欠。登山用なら肌触りもよく、乾きやすいので快適だ。

登山靴
適度な硬さのハイカットのトレッキングブーツがオールマイティに使える。

防寒着
薄手のダウンやフリースのジャケット。フード付きが暖かい。

レインウェア
透湿性防水素材のレインウェア。ジャケットとパンツの上下。

スパッツ
ゲイターとも呼ばれる。雨や小石が靴の中に入るのを防ぐ。

グローブ
手の保護や保温に。天然皮革製が滑りにくくて使いやすい。

サングラス
紫外線から目を守る。残雪があると下からの照り返しもある。

着替え
下着や靴下など予備の衣類があると濡れたときなどに心強い。

地図・コース資料
登山地図や地形図、コースガイドなどを組み合わせよう。

コンパス
持っているだけでなく、使い方を覚えて積極的に活用しよう。

時計
高度計やコンパス機能を搭載した登山用のものが便利。

トレッキングポール
バランスを保ったり、脚の負担を減らしたりするのに役立つ。

バックパックカバー
バックパックが雨に濡れるのを防ぐ。ナイロン素材が主流。

ヘッドランプ
コンパクトで明るいLEDタイプが主流。予備の電池も持とう。

水筒
500ml～1ℓ程度のボトルをひとつと、予備に1ℓ程度のものを。

タオル
速乾タイプのほか、コットンのタオルや和手拭いでもよい。

トイレットペーパー
トイレ以外にもティッシュやキッチンペーパーとしても使う。

スタッフバッグ
小物や着替えなどを整理すれば、必要なものをすぐ取り出せる。

ポリ袋
ゴミ袋や防水用としてフリーザーバッグなどを持とう。

ナイフ
活用する機会は少ないが、必需品のひとつ。小さなものでよい。

筆記用具
山行記録をとったり、緊急時には救助要請のメモを記したり。

ファーストエイドキット
細引きやろうそく、絆創膏、エマージェンシーシートなど。

常備薬
常用している薬はもちろん、鎮痛剤や胃腸薬なども。

ツエルト
軽量でコンパクトになる簡易テント。風や雨を避けるのに役立つ。

カメラ
コンパクトカメラでも一眼レフでも。バッテリーも忘れずに。

お金
山小屋では使えるのは現金のみ。保険証も忘れずに。

Q バックパックはどんなものを選べばいいの?

A 最初は日帰りから小屋泊まで使える中型がおすすめ

ショップに数えきれないほどの種類が並ぶバックパック。では、そのなかからどれを選んだらいいのだろう。基準となるのは、目的に合った大きさと機能、そして、自分の体に合うかどうかだろう。その点を考慮しながら、自分がどのような山登りをしたいのかを思い描きつつ選べば、最適なバックパックに出会えるはず。それでも迷ってしまったら、日帰りから山小屋泊の山行まで幅広く使え、各メーカーが数多くラインナップしている中型のバックパックを選ぶのが、最良の選択になるだろう。

バックパックの容量表記はあくまでも目安に

バックパックを選ぶときに参考にする、大きさを表わす「リッター数」。実はこの数値、全メーカーで統一された測定方法というものはなく、決め方はまちまちらしい。場合によっては、同じメーカーの同じリッター数なのに、どう見ても大きさが違う、ということも。選ぶ際にはリッター数はあくまでも目安と考えて、実際に実物を見て、大きさを確認してから選びたい。

小型(20~30ℓ)
日帰り登山などで重宝するのが、この大きさ。荷重もそれほどかからないので、背面やウエストベルトはシンプルなものが多い。機能面でも大きな違いは出にくいので、気に入ったデザインやカラーなどで選んでもいい。

中型(30~50ℓ)
日帰りから山小屋泊、比較的短期のテント山行までこなすオールラウンダー。ゆえにいちばん種類が豊富なゾーンでもある。自分の目的やスタイルに合わせて最適なものを選べば、末永く登山の相棒になってくれるだろう。

大型(50~70ℓ)
長期間のテント泊を前提とした山行で使用するのが、この大きさ。必然的に荷物は増え、重さも増すので、この重量をいかに快適に背負えるかが選択のキーポイントになってくる。自分の体にフィットしたものをチョイスしよう。

バックパックには
荷物を快適に背負うための機能が満載

登山では、日常ではあまり持つことのない重さの荷物を背負うことになる。これを快適に背負うため、創意工夫が凝らされている。

❶雨蓋
バックパック上部の雨蓋は、文字どおり中に雨が入るのを防ぐ。頻繁に出し入れするものは、ここに入れておくと便利。

❷ショルダーハーネス
荷物を背負うために必要不可欠な部分。パッドの厚さや形状など、快適に背負えるよう各社が知恵を絞っている。

❸メインコンパートメント
ものを入れるためのメインの荷室。仕切りがなくひと続きの「一気室」と、内部を分割できる「多気室」などがある。

❹フロントポケット
バックパック前面につけられた大型ポケット。頻繁に脱ぎ着するアウターや濡れた雨具などを収納するのに便利。

❺サイドポケット
バックパック横の下部にあるポケット。トレッキングポールやテントのポールなど、細長いものをくくりつける際に落ちるのを防ぐ役割も。

❻ウエストハーネス
ショルダーハーネスとともに、荷物を背負うのに重要な部分。しっかりと締めて体にフィットさせれば、荷重が肩と腰に分散してラクに背負える。

❼サイドコンプレッションストラップ
メインコンパートメント内の荷物が少ないときに締めると、荷物の動きを抑えられる。横にものを固定することも。

❽ショルダースタビライザーストラップ
ショルダーハーネスに本体を引きつける。このストラップを締めれば、バックパックを振ったときでも体に追従する。

❾チェストストラップ
働き者なのに軽視されがちなのが、胸の前で締めるこのストラップ。ショルダーハーネスをしっかりと固定するので、より快適に荷物が背負える。

❿ピッケルホルダー
上からピッケルのシャフトを差し、上下を回転させてシャフトを上のストラップで留めればしっかり固定できる。トレッキングポールホルダーとしても使用可能。

⓫ボトムアクセス
下部に入れたものを出すときに役立つのがボトムアクセス。テントをいちばん下に入れておけば、目的地に着いたとき、すぐに出すことができて便利だ。

⓬背面/ランバーパッド
荷重を腰に分散させるために本体を密着させつつ、ムレを防ぐために空気が流れる溝をつくるなど、各社が知恵を絞る。

Q 登山靴は種類がたくさんあって 迷ってしまうのだけど?

A 最初の一足はハイカットを選ぼう

多種多様な登山靴のなかから選ぶ際のポイントは、登りたい山に必要な機能が備わっているか、そして、足に合うかどうかだ。靴は大まかに、足首の高さと、目的・性能別に分類されているので、自分がめざす山登りの方向性と照らし合わせれば、最適な靴はおのずと決まるだろう。山登りの方向性がまだ決まっていない、という場合は、どんな山にも対応するハイカットを選べば間違いはない。あとは足に合うかどうかになるが、ショップで店員さんにいろいろと相談しつつ、実際に履いて決めよう。

足首の高さ

ハイカット

登山靴の主流。くるぶしまで覆い、足首の捻挫を防ぐ。いろいろな高さのものがあるが、登山靴=ハイカット、と考えてもよい。

ミドルカット

やや浅めのミドルカットの登山靴は、山で軽快に歩きたい、という人のためのもの。使いこなすには技術と慣れが必要なので、上級者向けの靴ともいえる。

ローカット

登山靴の分類に入るが、足首が完全に出るこのタイプは、山の中を走るトレイルランニングや、クライマーが岩場に行くまでのアプローチに使うなど、用途が限られる。

アッパーの素材

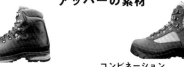

レザー

クラシカルな雰囲気を醸すオールレザーのアッパー。重量と価格はやや張るが、手入れをすればするほど味わいを深め、かつ防水性も増す素材であり、根強いファンが多い。

コンビネーション

ナイロンなどの化繊素材と革や合皮などを組み合わせた軽量なタイプ。透湿素材フィルムをインサートすることで防水性の問題を解決した、現在主流のアッパー素材。

山行目的別

エクスペディション

マイナス20〜30度にもなる厳冬期に使用するため、靴の上を覆うオーバーブーツを一体化し保温性を確保する。オールナイロン製で、見た目より軽量だ。

沢登り

コケや水で滑りやすい岩の上を歩く沢登り専用シューズは、フェルトのソールが装着されている。水ぬき穴があるのも特徴。

クライミングアプローチ

クライマーがアプローチに使用するシューズ。傾斜がある岩場でも滑らず安全に歩けるように、粘りのあるゴム素材のソールを装着している。

フリークライミング

垂直に近い岩の壁を登るフリークライミング。専用靴には、滑りにくい特殊なゴムソールが使用されていて、岩肌に吸い付くようにグリップする。

雪山

雪山専用靴の特徴は、保温材が入っていること。防水性はもちろん、保温力も高めている。また、アイゼンが外れないように硬めのソールを使用している。

トレイルランニング

トレイルランニングのための靴は、軽さと動きやすさを追求。悪路に対応するため、滑りにくいパターンを刻んだ軽めのソールが使用される。

靴の選び方のコツ

　靴を選ぶ際に大切なのは、実際に山で歩く状態になるべく近づけること。選んだ靴を片方だけ履くのではなく、両足に履いてサイズや履き心地を確かめ、そして、ショップで実際に歩いてみよう。

　ショップによっては階段や斜度のついたスロープなどを用意しているところもあるので、そこを歩いて、足に当たって痛い部分や違和感がないかどうかをチェック。また、靴下のことを忘れがちだが、山用の靴下は事前に入手しておき、それといっしょに靴を試着すると完璧だ。前後のサイズも履いて、いちばんしっくりくるサイズを選ぶことも大切。

靴の選び方　五箇条!

一、靴選びはあせるべからず

二、実際に履く靴下を持参すべし

三、必ず両足とも履くべし

四、段差や斜面も歩くべし

五、前後のサイズも履くべし

Q どんな雨具を選べばいいの?

A 透湿性防水素材の雨具を選ぼう

雨具の第一の働きは外からの雨を防ぐ「防水性」だが、それと同じくらい大切なのは、内側のムレた空気を外に出す「透湿性」。海外ではそれほど重用視されてはいないが、日本ではこの機能がないと、雨を防いでも逃げ場を失った汗で雨具の下の体がびっしょりと濡れてしまった、ということにもなりかねない。高温多湿な日本の登山に使用する雨具を選ぶ際には、防水性とともに、透湿性能に注目する必要がある。

フード
頭が濡れてしまうと体温を奪われ、体力消耗につながる。頭にフィットさせる調整機能が付いたものを選ぼう。

フラップ
一般的なファスナーの表側には、布地を重ねたフラップが雨の浸入を防ぐ仕組みになっている。

水を防ぐ働きのある止水ファスナーを使用したものは、フラップが省かれ、軽量化としなやかさを確保。

前立て
脱ぎ着を容易にする前立て部分も、ジャケットのフロントファスナー部と同じようにフラップで防水性を高めている。

裾
靴を履いたまま脱ぎ着することの多い雨具のパンツには、ひざ下くらいまでファスナーで開閉できるスリットが入っている。

透湿素材は各社から
続々登場中

技術の進化で透湿素材の性能は年々上がってきている。ゴアテックス社のゴアテックス・ファブリクスは、快適性を求めて年を追うごとに改良され、透湿性能が向上するとともに、軽量性と耐久性も進化している。また、ほかのアウトドアメーカーからも、高い透湿性と耐久性をもつ独自開発の透湿新素材が数多く登場している。透湿性をもつフィルムを表地と裏地の間に挟み込んだ3層構造になっているものや、ナイロン生地の裏にラミネート加工をして、表地そのものに透湿性をもたせて軽量化を図ったものなど、多種多様な透湿素材。重さや耐久性など、それぞれの素材の特色を理解して、自分に合ったものを選びたい。

雨天の行動中もムレない工夫

透湿素材が進化したとはいえ、ムレを防ぐ性能にも限界はある。真夏に雨具を着て、重い荷物を背負い、急坂を登っていると、ムレを感じてしまうのも事実。では、ムレをさらに防ぐ方策はないのだろうか？　そのひとつの答えになるのが、右で紹介するポンチョや傘などのグッズだ。うまく利用すれば、透湿素材を使った雨具以上の快適さを得られるはず。とはいうものの用途や使用場面は限定されるので、あくまでも補助的なグッズとして利用しよう。

ゴアテックス

透湿素材の代名詞ともいえるゴアテックス。ウェア内の水蒸気を放出する透湿性を高くし、軽量化を進め、耐久性を増すために注目したのが、フィルムに貼り付ける裏地。織って作られたマイクログリットバッカーを使用することにより、その性能を上げることに成功した。

独自素材

各社が開発した独自の透湿素材も、技術の進化で高い性能をもつものが数多く登場している。コーティングをして生地に透湿性をもたせた透湿素材は、少数派となりつつある。主流はやはり、表地／透湿フィルム／裏地を使った、3層構造の素材だ。

ポンチョ

バックパックを背負った上から羽織るポンチョは、脱着が容易で、かつ、不快なムレを防止するには最適な雨具。だが、風には弱く、下から雨が吹き込んでしまいがちなのが難点だ。

傘

傘は両手が自由になる平坦な林道のアプローチなどでは有効な「ムレない雨具」。ただ、急斜面など不安定な道では片手がふさがってしまうので使用できず、風をともなう雨にも弱いという弱点もある。

レインハット／キャップ

フードをたたんでレインハットをかぶると、衣類内のムレた空気が襟元から外に出やすく、ムレが軽減できる。また、フードの下にキャップをかぶればフードがズレにくく、良好な視界が保てる。

Q 山では何を着たらいいの？

A ベース、ミッド、アウターの 3層構造（レイヤード）を基本に考えよう

人間の体は運動して体温が上がると、体温を下げようと汗をかく。その汗は肌から熱を奪いながら蒸発し、体温を下げる。つまり〈汗＝体温を下げる〉というわけだ。だが、下界よりも気象条件が厳しい山では汗はやっかいなもの。汗をかいて稜線の強い風に吹かれれば、すぐに体温が奪われ体は冷えてしまう。

3層構造でウェア内を快適に保つ

そこでベースウェアの出番。肌の上の汗を吸い取り、繊維の間に広げて素早く乾かす。その素材にはポリエステルなどの化繊、天然素材のウールなどが使われる。

そして、ベースウェアの上に着て暖かい空気を蓄えるのがミッドウェアの役割だ。フリースやウールのシャツ、ソフトシェルなどがそれにあたる。かさがあるので保温性は高いが、通気性・透湿性に優れているため、風に吹かれると暖かい空気は失われてしまうという弱点もある。

そこで、アウタージャケットを羽織ることになる。ミッドレイヤーが暖かい空気を蓄えられるように、外側か

ベース
肌の汗を吸い上げて、繊維の間に広げ素早く乾かす。汗冷えのもととなる汗を処理するウェアだ。素材は化繊かウールがマスト。

ミッド
体からの熱を繊維の間にため、体温を維持する。夏山では具体的に、薄手のフリースやシャツ、ソフトシェルなどを指す。

アウター
雨や風を体に寄せつけない透湿性防水素材を用いた、最も外側に着るウェア。激しく動いてもムレないことがポイント。

38

ら雨や風を防ぐ。そしてミッドウェアやベースウェアの力を最大限に引き出す。ただ防水性・防風性に優れていればいいというわけではない。アウタージャケットに求められる最大の役割は透湿防水性だ。雨や風を通さずに体から出る蒸気を外へ逃がし、体のオーバーヒートを防ぐ。

これらの3層を環境や運動量に応じて組み合わせることで、ウェア内を絶妙な快適温度に保つ。これがレイヤリングというワザだ。

綿の下着はダメ!

じかに肌の上に着るアンダーウェアは、最も気を配るべきもの。どこに注意すればいいかというと、その

素材。アンダーウェアの素材は大きく分けて2つある。羊の毛、つまりウールは、肌ざわりがよく、保温性は高く、消臭効果を兼ね備える。細かい繊維の間にゆっくりと汗を吸い上げて、汗が肌に戻りにくく、汗冷えしにくいという特徴がある。

一方、化繊は汗や湿気を素早く吸い取って繊維の間に広げ、スムーズに乾かす吸汗速乾性に長けている。また耐久性も高く、ウールよりも長く着用できるのも長所だ。化学技術で独自の機能を搭載できるとあって、メーカー各社はオリジナル素材の開発に積極的だ。

日常生活で着ることが多い綿は、肌ざわりはいいものの、濡れると乾きにくいのでNG。

素材

ウール
最高級の極細ウールを採用し、肌ざわりがよく、暖かい。消臭効果があり、長期縦走でも汗のにおいが気にならない。欠点は耐久性が低いこと。価格は高め。

速乾性、吸湿性が高い化繊やウールが主流。この2つを混紡させたハイブリッドも人気だ。

化繊
肌の上の汗や雨を吸い取り、素早く乾かす吸湿速乾性に優れる。どちらかといえば冬山よりも夏山向き。耐摩耗性に優れ、長く着られて、安価という長所がある。

型

クルーネック
首回りが開放されていて、ほかのウェアと重ね着しやすいという特長がある。ベースウェアとして汎用性が高い型だ。かさばらず携帯性に優れる。

首元がすっきりしたクルーネック、首まで暖かいジップアップ、サムホール付きなど型もさまざま。

ジップネック
首元を覆い、ファスナーの開閉で体温調節できるデザイン。首元が干渉しないためクルーネックとの相性がいい。保温性が高く、冬季に人気がある。

Q 山に行くなら夏でも保温着は必要？

A 必要。特にアルプスなどの高地では必携

　標高2000m以上の山には、夏でも保温着を持っていくほうがいいだろう。夏とはいえ高地は朝晩はそれなりに冷え込むむし、登りで汗をかいて稜線の風に吹かれれば、いくら気温が高くても体はひんやりする。小屋泊やテント泊ならなおさらで、その着用頻度は多くなる。

　ひと言に保温着といっても、羽毛を使ったダウンジャケットや化繊綿ジャケット、これらの袖をカットしたインサレーションベスト、フリース地を用いたフリースジャケットなどさまざまな種類のアイテムがある。

　汎用性が高く便利なものとしては、ダウンや化繊を封入した薄手のインサレーションジャケットがおすすめだ。軽量だしコンパクトに圧縮できるというメリットがある。インナーダウンジャケットと呼ばれる薄手のモデルをチョイスすれば携行性はさらにアップし、躊躇なく装備に加えられる。さらにアウターの下に着て中間着としても活用できる。

　稜線でのランチタイムや山小屋前での夕日撮影、満天の星を見上げる星座観賞など、山の楽しみを広げるウェアでもある。

ダウンジャケット
良質な羽毛でかさを出し、暖かい空気を保持。高い保温力と携行性が特徴だ。

化繊綿ジャケット
濡れても保温力が落ちない化繊綿を封入。耐久性にも優れメンテナンスいらず。

インサレーションベスト
化繊綿を封入した薄手のベスト。腕の上げ下げがスムーズ。

フリースジャケット
ほかの3着に比べ伸縮性・透湿性に富む。多少かさばるが中間着として積極的に着用可。

Q パンツにはどんな タイプがあるの?

A 季節や山に合わせていろいろ

　エンジンとなる脚を包むボトムス選びは、気が抜けない。少しでもひざがもたついたり生地に引っかかる違和感があると、一歩一歩進むたびにストレスを感じ、疲労が蓄積していくことになるからだ。

　まず注視したいのは、生地の伸縮性だ。ストレッチの効いた生地で、スムーズにストレスなく脚が上げ下げできるトレッキングパンツを選ぼう。さらにひざやお尻、股のあたりに立体裁断を施した、脚の動きを軽くするようなモデルがベストだ。

　ほかには、丈の長さが選択肢となる。七分丈は熱を放出しやすく、ズボンの裾同士が擦れることなく足運びがしやすい。スタイルがしゅっとスマートにも見える。

　また、膝下をファスナーで切り離してショーツにできるコンバーチブルパンツもある。体が熱くなったらひざから下を取り外してポケットに入れ、寒くなったらまた装着する。素早く体温調節ができるとあって、各ブランドで展開されるが、ファスナーのゴワツキが気になるという声もある。フィールドの気候や登山道の状況を踏まえ、慎重に選ぼう。

ロングパンツ
伸縮素材と立体裁断が巧みな足さばきを生む。これらの相乗効果で細身のシルエットが可能になった。

七分丈パンツ
ズボンの裾がだぼつかず、キレイよく足を踏み出せる。裾にファスナーが付いたスリムなモデルも多い。

コンバーチブルパンツ
ファスナーでひざから下を切り離せるパンツ。行動中はもちろん、アプローチでも便利。

ソフトシェルパンツ
防風性と透湿性を両立したソフトシェルパンツ。サイドにベンチレーターを装備する。

Q トレッキングポールは どう選べばいいの?

A 初心者は、軽くて安価な アルミ製ポールがおすすめ

ここ数年で定着したトレッキングポールは、用途や素材、形状が異なる多種多様なものが発売されている。選ぶ際には自分の山登りの方向性を見極めれば、選択肢はしぼられる。なかでもスタンダードは、伸縮機能付きのアルミ製トレッキングポール。この形状のモデルのなかから実際に手に取って選べば、まず間違いはないだろう。

コルク
硬めの握り心地が特徴のコルク素材。汗をかいても滑りにくい特色を生かしたグリップをつくることが可能。

ウレタンスポンジ
ソフトな握り心地のウレタン素材のグリップ。そのクッション性が地面からのショックを吸収する役目も。

グリップ素材

フリップロック
ワンアクションで確実にロックできて人気のフリップロック。やや重くなるのが難点だ。

スクリューロック
シンプルな構造で軽量なスクリューロック。メンテナンスをすれば、しっかりとロックできる。

ロックシステム

カーボン
軽くて硬く、かつしなやかなカーボンもポール素材に使用されている。価格がやや高いのが難点だ。

アルミ
スタンダードな素材であるアルミも年々進化し、薄く軽く、強度としなりを両立したものが登場している。

ポール素材

スノーバスケット
雪の上を突いても潜らないよう、積雪用のスノーバスケットは大きな形状となる。

スタンダードバスケット
地面や石の上を突くことが多い無積雪時につけるのが、小さめのバスケット。収納時にもじゃまにならない。

バスケット

グリップ
登り下り、平地などの状況により握る位置と握り方が変わる。実際に手にしてチェックしよう。

ポール
アルミが主流のポールも、現在は多種多様な素材がある。しなやかで軽いのが理想のポールだ。

ロックシステム
長さを調節・固定するロックシステム。状況によって最適な長さは変わるので、その都度、調節しよう。

石突き
地面にグリップさせ、滑らないようにする先端部分。安全のため、持ち運び時には必ずキャップをつけよう。

バスケット
地面に突いたときに、先端が地中に潜らないよう付いているのが、このバスケット。交換可能なものが多い。

Q ほかに持っていく 道具はある?

A こんな道具があれば便利!

　余分なものは捨て、必要最低限を持ち、荷物を軽くするのが山登りの基本。とはいえ、余裕があればこんな便利グッズを加えることで、いつもの山登りがもっと楽しく、もっと快適になること請け合いだ。

マット
冷たく湿った地面や岩の上に直接座るのではなく、コンパクトに折りたためる携帯用のマットをひとつ持っていくだけで、座ることが楽しくなる。

フォールディングチェア
軽量のフォールディングチェアがあれば、山の中のどこでもが、あっという間に快適なリビングルームになること請け合い!?「余分」にして「快適」な、究極の道具。

防水スタッフバッグ
冷たい雨のなかを歩いて、やっと目的地に到着。体を乾かし着替えようとしたら、せっかくの替えの服がびしょ濡れになっていた! という事態を防ぐには、防水スタッフバッグが便利。

カラビナ
カップなど使用頻度が高いものは、カラビナでバックパックにぶら下げておくのが便利。ただし、バックパックを岩や樹木などに引っかけないように、いろいろとぶら下げすぎないこと!

ストーブ・コッヘル
通い慣れた日帰り登山。でも、バーナーとコッヘルを持っていき、一杯のコーヒーを沸かして飲んだら、見慣れたいつもの景色が一変した、なんていうマジックが起こるかもしれない。

ハイドレーションシステムの利点

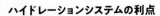

　バックパック内の水筒からチューブで水分を補給できるハイドレーションシステム。現在ショップで販売されているバックパックのほとんどに取り付け可能となっている。その最大の利点は、バックパックを下ろすなどの手間をかけずに、思ったときに欲しいだけの水分をすぐに補給できること。それにより常に必要な量の水分補給ができ、体力の消耗が軽減されることが科学的にも証明されている。

Q パッキングの コツを教えて!

A 重いものは上部、体の近くに。 使用場面を想像しよう

どんなパッキングをしても装備の重さ自体は変わらないが、上手に詰めることで、同じ荷物でも軽く感じられる。うまくパッキングするには荷物を整理する必要があるが、そうすることで行動が早くなる。

パッキングは経験を重ねるにつれ自然に上達するものだが、原則を理解し、ちょっとしたコツを覚えるだけでも変わる。ポイントは、実際に装備を取り出す場面をイメージしながら、重量配分を考えて荷物を詰めること。背負い心地を左右するバックパックのフィッティングと併せて、基本を覚えておこう。

パッキングのコツとは?

荷物が安定するパッキングの鉄則は、重いものを上部、体の近くに詰めること。軽いものは、使用頻度が低い装備(たとえば、宿泊地に着くまで使わないシュラフやマットなど)を下にして、レインウェアなどのよく使うものは取り出しやすい場所にしまう。イラストのように、内部を複数の層に分けるとイメージしやすいだろう。

実際はこうした基本を踏まえ、行き先や山行スタイル、その日の天候に合わせてパッキングする。雨が降りそうなら雨具を、寒がりの人は防寒具を取り出しやすい位置に、という具合に。

最近のバックパックは上部だけでなく、フロントやサイドから内部にアクセスできるモデルが主流。自分が持っているバックパックの形状や機能をよく理解し、それをうまく使いこなすことも大切だ。

バックパックの形状は大きく分けて2つ。縦走に向くボトムがどっしりしたタイプと、アルパイン向けのすっきりしたもの。自分のバックの形状を把握しよう。

荷物が安定するのは、バックパックの重心が肩甲骨の間あたりにあるとき。上体が大きく動くクライミングやスキーでは、右側イラストのように低めに重心を置くのも有効だ。

ボトムには軽いがかさばるもの、使用頻度が低いもの。テントや寝袋がこれにあたる。水や食料などの重いものは上部の体に近い位置に。水はハイドレーションで持ち運ぶのも有効な手段だ。

Q 荷物を濡らさない方法は?

A 防水のパックインナーが有効だ

雨対策にはバックパックカバーが一般的だが、それ以上に効果が高いのが、バックパックの内部に入れるパックインナー。バックパックの内側に防水の大きな袋を入れ、その中に荷物を入れるという方法だ。これのメリットは荷物を確実に濡れから守り、かつ突然の雨でも慌てずにすむことにある。

強いてデメリットを挙げるなら、荷物の出し入れがしにくくなること。これを避けるために、小さなドライバッグを使用するのも有効。絶対に濡らしたくないシュラフや着替え、電子機器などを入れると安心だ。季節や予想される天候に合わせてベストの方法を選べるよう、いくつか準備しておくのがいいだろう。

バックパックカバーは積極的に使おう

かつては「つけるとかっこ悪い」という風潮すらあったバックパックカバー。だが、このアイテムの有用性は非常に高い。雨の日にバックパックにかぶせるのはもちろん、汚れたバックパックを公共機関に持ち込むのはどうも…と思う人は、汚れたバックパックを覆ったり、天候にかかわらず汚れ防止のためにかぶせたりと、いろいろと使える。また、濡れた雨具や汚れたウェアなどをバックパックカバーで包めば、簡易の防水スタッフバッグの役割も果たす。素材も進化して驚くほど小さく軽いものもあるので、持っておいて損はない。

雨が降ってきたら早めにバックパックカバーをつけるようにしたい

カバーに加えてパックインナーを使うと、荷物の確実な防水ができる

Q 山では何を食べたらいいの?

A 自炊や山小屋での食事を中心に 足りないエネルギーは行動食で補う

朝昼晩の三度の食事と、休憩や行動中に食べる行動食。山での食事は大きくこの2つに分けることができる。登山のエネルギー消費量は、体重70kgの成人男性の場合、1日5時間(休憩時間を除く)の登山で約2800kcalにも上る。これは安静にして座っている状態の約7.5倍ものエネルギー消費に相当する。これをすべて食事だけでまかなおうとすると、食事の量は大幅に増えてしまう。

しかし、三度の食事は普段食べているものと同量とし、登山にともなうエネルギーは行動食でこまめに補えばよいのだ。

食事のとり方は弁当や山小屋の食事、テント泊などでの自炊が考えられるが、ただ食べるのではなく、登山に必要なエネルギーをつくる炭水化物(糖質)と脂質、ビタミンB群、筋肉を構成するタンパク質、ミネラルをバランスよく摂ることが大切だ。しかし、必要な栄養素のすべてを山行中に補う必要はない。日頃からバランスのとれた食事を心がけることで、体内に蓄積された栄養素をそのまま登山に持っていくことが理想的だ。

登山に必要な栄養素

エネルギー代謝に関する栄養素	炭水化物 〈糖質〉	白米、小麦、とうもろこし、じゃがいも など
	脂質	植物油、生クリーム、クルミ、チョコレート など
	ビタミンB群	豚肉、うなぎ、玄米、カシューナッツ など
筋肉の働きに関する栄養素	タンパク質	牛肉、牛乳、マグロ、大豆 など
	カルシウム	スキムミルク、干しエビ、切り干し大根、凍り豆腐 など
	マグネシウム	玄米、煮干し、わかめ、アーモンド など
水分・血液の生成、その他必要となる栄養素	ナトリウム	食塩、しらす干し、昆布茶、醤油 など
	カリウム	ひじき、里芋、アボカド、バナナ など
	鉄分	レバー、あおのり、しじみ、大根の葉 など

登山で消費するエネルギー

$$\underset{(登山の活動強度)}{7.5メッツ} \times \underset{(安静単位エネルギー消費)}{1.05kcal} \times \underset{(kg)}{体重} \times \underset{(h)}{時間}$$

*メッツ=安静座位を1とする活動強度の単位 厚生労働省「健康づくりのための運動基準」より

(例)体重70kgの一般成人男性が5時間登山した場合

7.5メッツ×1.05kcal×70kg×5h=約2756kcal

自炊の場合は「軽さ」「日持ち」 「調理の手間」 「栄養のバランス」を考える

日常の食材をそのまま山に持っていくことが理想ではあるが、重さや手間を考えると現実的ではない。登山の食材の条件は、軽量で保存が利き、調理が簡単で、栄養もしっかり摂れるもの。面倒なようだが、工夫次第で簡単においしい食事を楽しむことができる。

普段からスーパーなどで、登山に使えそうな食材をチェックしておくとよい。フリーズドライ食品や乾物はもちろん、工夫すれば生鮮食品だって持っていける。

たとえば、卵は常温保存できるが、一度冷蔵すると常温に戻したときに結露し、殻のまわりに菌が繁殖してしまう。生野菜は切らないほうが日持ちする。こうした食材の特性を理解することも大切だ。

季節や山行でメニューを考える

夏に鍋料理はイマイチだし、冬に冷やしうどんが合わないのは山でも同じ。季節や山行日数などに合わせてメニューを工夫してみよう。たとえば、食べ物が傷みやすい夏はフリーズドライやインスタント食品が向いているが、気温が低い冬なら生肉なども持っていける。山行日数で考えるなら、日帰りや1泊程度なら食材の重さもそれほど気にしなくてよいが、長期縦走ではなるべく軽い食材を選びたい。

また、体調に合わせて、夏は汗で失われた塩分を補給するため、味つけを濃くするのもよい。冬は、ニンニク、ショウガ、唐辛子など体を温める食材を使ったメニューがうれしい。長い縦走の場合は、後半にタンパク質の多い食材を使うと疲労回復に役立つだろう。

食材の選び方

調理の手間
燃料の節約や時間短縮のために、野菜などを切ってフリーザーバッグに入れるなど、なるべく家で下ごしらえをしておく。長時間煮込まなければならない食材は不向きだ。

栄養のバランス
山では栄養が偏りがちになるので、食材を選ぶ際は栄養素も確認しておく。乾燥野菜や乾物はビタミンやミネラルが豊富で、彩りもよいのでおすすめの食材だ。

軽さ
フリーズドライや乾物など、水分が少ない食材を利用する。最近のフリーズドライはおいしいものが多いので、うまく利用すれば縦走登山でも飽きずに食べられる。

日持ち
夏は食材が傷みやすい。肉などの生ものは冷凍しておき、初日に食べてしまう。生野菜はニンジンなどの根菜を切らずにそのまま持っていくなど、腐敗防止の工夫をしよう。

Q 行動食は何のために食べるの?

A 登山活動に必要なエネルギーを補給し、シャリバテを予防するため

食事だけではまかなえないエネルギーを補うのが行動食の役割。登山中のエネルギーとなるのは炭水化物（糖質）と脂質だが、特に炭水化物が不足すると血液中の糖分の割合が減って筋肉や脳の働きが鈍くなり、いわゆる「シャリバテ」（低血糖）を引き起こしてしまう。脳の働きが低下すると転倒や道迷いにつながることもある。

空腹感の有無にかかわらず、行動食はこまめに口にするといい。行動食には、調理なしで食べられて消化吸収のよい食品が適している。即効性のある炭水化物をメインに、ゆっくりとエネルギーに変わる脂質をプラスしよう。なかでも糖質はすぐエネルギーに変わるので、甘いものは行動食向きといえる。

行動食は1時間に
100〜200kcalを目安に摂取する

すでにP46でも述べたように、登山では安静座位の7.5倍ものエネルギーを消費する。しかし、無理して大量の行動食をとる必要はない。三度の食事や体の中に蓄積されて

炭水化物（糖質）

体内で効率よくエネルギーを生み出すことができ、登山において最も重要な栄養素。また、体脂肪がエネルギーに変わる際にも炭水化物（糖質）は不可欠なので、ダイエット中でもしっかり摂るようにしたい。穀物や甘さを感じる食物などに多く含まれる。

脂質

コンパクトで高カロリーなので携行しやすいが、炭水化物（糖質）と合わせることではじめてエネルギーに変わる。両者をうまく組み合わせよう。ナッツなどの種実類やチーズなどに多く含まれるが、消化の悪いものもあるので食べすぎには注意しよう。

いる体脂肪などからもエネルギーを得ることができるからだ。

自分の体質や体格、コースの難易度や行動時間などを考慮しながら、1時間（休憩を除く）あたり100〜200kcalを目安に食べればいい。食材からカロリー計算をするのは面倒かもしれないが、加工食品ならパッケージに栄養表示が印刷されているものが多い。行動食を購入する際はパッケージの裏面をよく見て、カロリーと成分をチェックしよう。

栄養成分表示にはエネルギーだけでなく、タンパク質・脂質・炭水化物などの量も表示されるので、その割合も考慮する。また、栄養表示が100gあたりなのか、1食分あたりなのかが記載されているので必ずチェックしよう。

予備食＝手軽に調理できるもの
非常食＝すぐに食べられるもの

予備食とは、泊まりがけの登山で天候の悪化などにより、日程が延びた場合に備えて持っていく予備の食料のこと。ラーメンやアルファ化米など、調理の手間がかからず軽量で日持ちのよいものが向く。非常食とは、道迷いや事故などにより、ビバークを余儀なくされたときに生命維持のために食べるもの。調理のできない状態を想定し、すぐに食べられるものがよい。また、夏場でも保存が利き、冬は凍らないものが適している。予備食の場合は予備日分、非常食の場合は1食分程度。うっかり食べてしまわないよう、ほかの食料とは分けておこう。最近は、水やお湯を入れなくても、そのまま食べられるフリーズドライ食品が増えてきた。これなら、非常食と予備を兼用するものとして使える。しかもフリーズドライ食品は、軽くて長期保存ができるメリットもある。

予備食

あくまでも予備なので、軽量で日持ちするものはもちろん、残りの燃料を考えると調理時間が短いものをチョイスしたい。

非常食

調理なしですぐに食べられ、日持ちのするもの。ゼリー状の飲料はのどの通りがいいので水がない状況にもよい。

Q 登山向きのカラダに必要なものは?

A 筋力、柔軟性、筋持久力、心肺機能の4つ

登山に必要なのは、長時間動き続けられる体。力強いことはもちろん、筋肉をよい状態に保ったり、動くのに必要な酸素をたくさん運べたりと、"登山向きのカラダ"をつくる要素はさまざま。以下の4つをバランスよく身につけるようにしたい。

筋力

登山における筋力の役割は、カラダを移動させること。つまり、動力。人の動作は筋肉の収縮と伸張で生み出されている。山に登って、下る一歩もしかり。筋肉のパワーが小さいと、カラダを移動させるのに"うんとこしょ、どっこいしょ"と四苦八苦。ところが、パワーが大きければ、登りの一歩はすっとカラダを引き上げ、下りの一歩は力強くカラダを受け止めてくれる。パワーアップの方法は、ずばり筋トレ（筋力トレーニング）。軽い箱（=カラダ）しか持ち上げられなかった筋肉を、ずっしり重い箱を持ち上げられる筋肉に育てていく感覚だ。登山で酷使される脚とお尻の強化から始めよう。

柔軟性

カラダが硬い人、軟らかい人はどこが違うのか。答えは筋肉の柔らかさ。関節の可動域が小さいのは、その関節を動かす筋肉が硬く、突っ張っているから。一方、よい状態の筋肉はゴムボールのように力強く柔かい。専門用語でいう「粘弾性」だ。粘弾性のある筋肉は効果的に衝撃を吸収できるので、疲労しにくい。つまり、筋持久力が高い。そして、酸素や栄養を運ぶ血流も、柔らかい筋肉のほうが当然スムーズ。いろいろな面で有利なのだ。柔らかい筋肉をつくるのは、日々のストレッチ。「登山口でちょっと伸ばす」ではなく、ベースから変えていく。

筋持久力

筋肉が瞬間的にぽんっと出せるパワーが「筋力」。対して、長く動き続けられる力が「筋持久力」。筋肉は疲労すると弾力性を失い、硬く、冷たくなってしまう。硬くなった筋肉はパワーを発揮できないから、足どりがヨレヨレ、ガクガクに。そうな

登山向きのカラダに求められるもの

- 筋力
- 柔軟性
- 筋持久力
- 心肺機能

るまでの時間を保つチカラが筋持久力なのだ。「歩き始めのカラダの軽さが、ずっと続けばいいのに…」という願いは、無限にとはいかないがトレーニングでかなえられる。山に行かない週末は、長めに歩いたり、走ったり。鼻歌交じりで動けるくらいのラクなペースで行ない、長時間動く（=筋肉に負荷をかける）ことに慣れていこう。

心肺機能

筋肉を動かすエネルギーは酸素を使って生産され、その過程で二酸化炭素が発生する。この、カラダが欲しいもの（=酸素）と、いらないもの（=二酸化炭素）を交換して出し入れする場所が肺。で、欲しいものといらないものを運ぶルートが血流であり、その流れをつくるのが心臓。登山中に息が上がり、鼓動が速くなるのは「もっとたくさん運びたい！」とカラダががんばっているから。心臓がポンピング回数を増やしてたくさんの血液を押し出しているのだ。運搬力（=心肺機能）を上げたいなら、息切れするくらいのペースで歩いたり、走ったりする運動を。心臓のポンプがパワーアップしていく。

短期間でも登山向きの
カラダをつくれる?

A Yes! 半年続ければ見違えるようになる

　前頁で紹介した4つの要素は、まんべんなく強化するのがベスト。ベースの筋力なくして筋持久力はつかないし、柔軟性が劣っていると疲れやすく、筋持久力も上がりにくい。強い筋肉をもっていても心肺機能が低ければ思うようには動けない。と、すべてがリンクしているからだ。また、トレーニングを始めて、効果が実感できてくると「もっと！」と張りきりがち。疲れているとき、体調が悪いときは無理をしないこと。痛みがあるときに我慢して行なうのも、御法度だ。

前半は筋力アップをベースに

初めてのアルプス登山、長期間の縦走など、夏の目標を掲げたら1月からトレーニングを開始。最初の3カ月は筋力トレーニングに重点を置いて、心肺・筋持久力トレーニングはベースづくりの期間。なぜなら、心肺機能を上げようと走り始めても、体を動か

す筋肉の力が弱いと思うように動けないし、関節への負担もかかりやすい。筋トレでパワーをつけながら、ウォーキングのスピードを徐々に上げて、可能な人はランに移行してみよう。3カ月続けると、体が変わってきていることが実感できるはず。

目標は7月の連休・アルプス！ トレーニングカレンダー

1月～3月は筋力トレ重視 動く力となる筋肉をしっかりつける
心肺・筋持久力トレはウォークからランへの移行期間。ストレッチは毎日でも！

1月	2月	3月	4

後半で筋持久力と心肺機能を

前半3カ月のトレーニングを終え、脚が力強くなり、ウォークやランのペースも上がってきたころ。ここからは心肺機能と筋持久力の向上に軸足を移そう。速足のウォーキングで息が上がらなくなったら、ゆっくりランに切り替える。ちょっと苦しいペースで心肺機能アップ、楽なペースで長時間行なえば筋持久力アップ。ランの着地で筋肉に負担がかかるので、筋トレはやや軽めにして続けよう。

ストレッチは毎日の習慣に

毎日の習慣にしたいのがストレッチ。筋肉を柔らかく、よく伸びるようにしていくストレッチの目的は、強化というより質の向上。硬い筋肉のままでは、動くことへの対応や、血流による酸素や栄養の供給がスムーズにいかない。登山の前後に行なうだけでなく、毎日のストレッチで根本から柔らかい筋肉にしておこう。

週末は山に登って効果を実感

体力が上がったことはトレーニングでも感じるけれど、山で確認できるとさらにテンションが上がる。登山は本番（トレーニングの目的）であり、トレーニングの場であり、成果や足りないものに気づく場でもある。夏のアルプスをめざしてコースの難易度を上げていってもいいし、同じコースを繰り返し登って効果を測ってもいい。

4月～6月は心肺・筋持久力トレ重視 できればランで強度を上げていく｜本番に備えて疲れをとる

筋力トレも続行。ランでも負荷がかかるので軽めでOK。ストレッチは毎日でも！｜体力を落とさないよう軽めに動く

| 月 | 5月 | 6月 | 7月 |

Q トレーニングの方法を教えて!

A 基本はこんな感じ。続けることが大切だ

筋力トレーニング

力強い一歩を踏み出すために、脚とお尻の筋肉のパワーアップを心がけよう。筋トレで「キツイ」を感じるところが、登山で使っている筋肉。キツくても我慢して、正しいポーズでしっかり効かせよう。

ももの前後・お尻
スクワット

1. 脚を肩幅くらいに開いて立ち、腕を胸の前で組む
2. ももが床と平行になるくらいまで、椅子に座るようにゆっくりと腰を下ろす。ゆっくり腰を上げ、ひざが伸びきる前までを繰り返す

Point
- 腰を下ろしたときにひざがつま先より前に出ないように
- 猫背にならないよう、背筋を伸ばす
- 重心はかかと寄りで、腰を後ろに引くように下ろす

ももの前　フロントランジ

1. 腰に手を添え、脚をそろえて立つ
2. 片脚を大きく一歩前に踏み出す
3. 踏み出した状態で、腰を下ろす。一気に最初の姿勢に戻る

Point
- 腰を下ろしたときに踏み出したひざが90度になるように
- 踏み出す歩幅はひざの角度に合わせて調節する
- 脚を戻すときは2を飛ばして、最初の姿勢に戻る
- 左右交互に10回で1セット

ふくらはぎ　スタンディングカーフレイズ

1. 壁に手をついて、脚を腰幅くらいに開いて立つ
2. 背伸びをするようにかかとを上げる。上げきったところで一瞬止まり、下ろす。かかとが床に着く前までを繰り返す

Point
- ぐらつきを防止する程度に壁へ手をつき、寄りかからない
- 背筋を伸ばして、まっすぐ立つ
- 両脚でラクに感じたら、片脚で行なってもOK

回数▶10回×3セット
この回数未満でもOK。できる回数から始める。ラクにできるようになったら、「ちょっとキツイ」くらいまで回数やセット数をだんだん増やしていく。

頻度▶3日に1回
筋肉が育つサイクルに合わせて、筋トレは3日に1回。それ以上、間隔があくと効果が低くなってしまう。時間がとれないとき も肺機能・筋持久力トレーニングと併せて3日に1回をキープしたい。

筋持久力トレーニング

筋肉のパフォーマンスをできるだけ長く維持したい。それなら、「動き続ける」ことにカラダを慣らすこと。軽い負荷でもいいので、走る距離と時間を延ばしていこう。

LSD
（ロング・スロー・ディスタンス）

その名のとおり、長時間・ゆっくり・長い距離で行なうトレーニング。ウォークでもランでもいいけれど、ポイントはスピードを上げないこと。息が上がらず、話ができる、楽なペースをキープする。「これならずっと続けられる」と思えるくらいだ。止まらずに動き続けたいので、信号の少ない川沿いの遊歩道などをコースにできればベター。適した速度や距離は個々の体力によって違うので、自分で決める。速度は前述のとおり。距離と時間は様子を見ながら徐々に延ばしていこう。歩き始め、走り始めは体が軽く、スピードが出すぎてしまいがち。早々に疲れないよう、ぐっと抑えて。

心肺機能トレーニング

少しずつ負荷を上げて、たくさんの酸素を取り込めるカラダになろう。続けた人は登りの息切れ具合で、はっきり効果がわかるはず。

ウォーキング

初めて心肺機能トレーニングをする人は、歩くことからスタート。とはいえ、ラクに歩くのではなく、スポーツモードで。背筋を伸ばし、目線は遠くに、歩幅は広く。しっかり筋肉を使って足を蹴り出す。心肺機能を上げるポイントは、ちょっと無理をして、その状態に慣らしていくこと。なので、少し息が上がるくらいのペースが目安。歩くことに慣れたら、距離を延ばす、速度を上げる、アップダウンのある道を歩く、不整地を歩くなど、トレーニングのバリエーションを広げながら負荷を高めていく。

ランニング

"走る＝苦しい"ではなく、"走る＝爽快"と感じられるよう、ウォークからランへ無理なく移行したい。速度が上がるほど心肺機能の向上効果も上がる。さらに、着地時の前ももへの負荷は下りの筋肉を育て、全身を動かすことによってバランス感覚・反射神経も鍛えられる。ほかの種目と同じく、ランもあせらず徐々にペースや距離を上げていく。最初の目標は3〜5km、もしくは30分走り続けること。そのうちに10kmを1時間〜1時間半で走れるようになれば、登山に必要なそれなりの体力がついているはずだ。

ストレッチ

筋肉を柔らかく、しなやかにするストレッチ。
スムーズに動け、疲れにくい体になる。

ももの後ろ

1. 床に腰を下ろす。片脚を前に伸ばし、反対側はひざを曲げて床に倒す
2. 伸ばした脚に手を添えて、上体を前に倒す。脚を替えて反対側も

Point

● 背筋を伸ばす。猫背で頭を下げてもダメ
● 股関節でカラダを折るイメージで

ももの前

1. 床に横になり、床側の脚は前に90度曲げる
2. 上の脚の足首を持って引き寄せる

Point

● かかとをお尻に近づけるように引く
● 骨盤を前に押し出すように
● 引いた脚のひざが腰より前に出ないように

お尻

1. ひざを曲げて床に座る（横座り）
2. 外側を向いたひざに同じ側の肩を近づけるように上体を倒す
3. ひざに胸をつけるように上体を倒す
4. ひざに反対側の肩を近づけるように上体を倒す

Point

● 猫背にならないよう、背筋を伸ばし、あごを床に近づける感じで
● 倒す角度を変えることで、広範囲の筋肉を伸ばす
● 2～4をそれぞれ30秒ずつ行なう

ふくらはぎ

1. 脚を前後に開き、後ろ脚のかかとを床につけたまま重心は前脚に。ふくらはぎの表層部の筋肉を伸ばす
2. 後ろ脚のひざを曲げ、腰を後ろに引く。ふくらはぎの深層部の筋肉を伸ばす

Point

● 1の姿勢では上体～後ろ脚をまっすぐに。頭と後ろ脚は遠く離すように
● 前脚に負荷がかかるので、壁を押すようにカラダをあずける
● 1、2をそれぞれ30秒ずつ行なう

2

山を歩く

Q 登山口には どうやって行くの?

A バスなどの公共交通機関やマイカーを使う

自分の行きたい山とルートが決まったら、ガイドブックなどで登山口までのアクセス方法を調べてみよう。手段としては、鉄道やバスなどの公共交通機関を使う場合と、マイカーを使う場合に大別できる。公共交通機関を使う場合は、シーズンオフやマイナーなコースはバスの本数が少なく利用しにくいというデメリットがある。

また、マイカーよりも交通費がかかることが多いのも悩ましい。マイカーは、運転による疲労が生ずるが、時刻表に左右されないので自由にプランニングできる、何人かで出かけると交通費が安くすむなどのメリットがある。

公共交通機関を使う場合の注意点

日本アルプスや富士山など人気の山だと、東京や大阪などの大都市から登山口までの高速直通バスが出ていることもある。これらのバスは値段もリーズナブル、かつ乗り換えもないので人気があるが、夏山など登山者が多い時期しか運行していないことが多い。利用する場合は、事前に運行期間と時刻を調べ、必要に応じて予約しておこう。逆にあまり登山者が多くない山域では、駅から登山口までバス路線がないこともある。その場合はタクシーを利用するか徒歩で登山口まで向かうしかない。

マイカー利用の場合の注意点

マイカー利用の場合、事前に確認しておきたいのが駐車場の場所と駐車可能台数だ。駐車台数が少ないと駐車できないこともあるので、次候補の駐車場も調べておくとよい。また、上高地、富士山、尾瀬など人気の山域では、環境保護と渋滞緩和のために時期によってマイカー規制が行なわれている。その場合は指定された駐車場に車を停めて、シャトルバスで登山口へ向かおう。

マイカーを使ったときに面倒なのが、縦走などで登山口と下山口が異なる場合だ。これまでは、マイカーをピックアップするために登山口まで戻らなくてはならなかった。しかし最近は北アルプスを中心に、マイカーを下山口まで回送してくれる会社もあるので、上手に利用して効率的な山行計画を立てよう。

Q 登山口に着いたけど、すぐに歩きだしていいの?

A コースの確認、準備運動、トイレを忘れずに!

登山口に着いたら、まず今日はどんなコースをどこまで歩くのかを、地図を取り出してパーティメンバー全員で確認しよう。きつい登りや危険箇所など頑張らなくてはいけないところが頭に入っていると、精神的にもラクになる。「自分はメンバーに連れていってもらうから、コースを知らなくても大丈夫」などと思っていると、ふとしたはずみにはぐれてしまって、そのまま遭難…という可能性もあるので注意しよう。

準備運動やウェアの調整なども

歩き始める直前には、準備運動をして筋肉をほぐしておくと体の動きもスムーズだ。ひざの屈伸や手首・足首を動かし、アキレス腱や股関節を充分に伸ばしておくと、つまずいたときでも転倒せずにサッと着地できる。ひねったりした際にケガ

歩きだす前に確認すべきこと
- 準備運動
- ウェアの調整
- 靴ひもの締め直し
- バックパックのフィッティング確認
- コースの再確認
- トイレ

をしにくい。そのほかにも、歩き始めたら体温が上昇して暑くなるので、ウェアは少し涼しく感じる程度に調整しよう。バックパックが体にフィットしているか、靴ひもはきちんと結べているかも確認すること。

出発前は必ずトイレへ

最後に忘れずに行っておきたいのがトイレだ。登山道上ではトイレがないことが多い。女性登山者のなかには山中で用を足すのが嫌で、我慢して体調を崩す人もいる。また、途中で用を足したいと思って道を外れてヤブに入ったところ、斜面で滑落したり、道に迷ってしまう危険もある。大丈夫と思っても、登山口ではトイレには必ず行こう。

出発前には忘れずにトイレに行っておこう

ケガ防止、疲労軽減のためにも柔軟体操を忘れずに

59

山の歩き方を教えて!

A 登るときは自然体で。足裏全体を使い、ゆっくり歩こう。
下るときは、重心を落として、ひざを曲げ気味に

登りの歩き方のコツ

足裏全体を使うことを心がけ、ゆっくり歩こう。あまり難しくは考えず、自然体でOKだ。あとは周りの景色を見たり、音に耳を傾けたりして状況を把握し、楽しみながら登るとよいだろう。

歩行ペースは、歩き始めはゆっくりと。長く疲れないように歩くときは、そのままゆっくりペースでいこう。歩いているとだんだん暑くなってくるが、我慢は禁物。上着のファスナーを開けてウェア内の通気をよくしたり、帽子を取ったりするだけでずいぶん違う。ぜひ、こまめに体温調節を。

基本姿勢

自然体で、ゆっくりと歩く。

足の置き方

足裏全体を使って歩く。

下りの歩き方のコツ

下り始める前に、「これから下るんだ!」という心づもりをする。というのも、実は転倒や滑落などの事故は、下りで起きることがほとんど。下りでは、出発前に靴ひもをややきつめに結び直すのは、気を引き締める意味でも有効だろう。

急な斜面を下るときは、ややひざを曲げ気味にして、少し重心を落とすとバランスが安定する。足裏全体を使いつつ、つま先に少し荷重をかけ、小股で歩こう。

下りは登りよりも疲れているはずなので、こまめに休憩をとりながら、安全圏に出るまで油断せずに歩こう。

基本姿勢

ややひざを曲げ気味にし、少し重心を落とすように。

足の置き方

足の裏全体を使いつつ、つま先にやや荷重をのせる。

休憩のコツ

　最初の休憩は、歩き始めてから30分以内にとるとよい。時間は5分以内で短めに。暑くなってくるころなので、ウェアを脱ぐことで調節しよう。それ以降は40～50分に1回、10分程度の休憩をとる。歩行者を妨げない場所や急登の前が適地。背中が汚れないよう、バックパックは背負う面を上にして置こう。おなかが空いたら行動食を。水分もこまめに摂ること。このとき、地図で現在地、スタート地点からの標高差、所要時間を確認しよう。「時間がかかった」とか「予想よりきつかった」といった思惑違いを防ぐため、自分がどのくらいの標高差を何分で登れるのかチェックしておくと、次の山行計画時に役立つ。休憩を終えて出発する際は、必ず振り返って忘れ物がないか確認すること。

トレッキングポールの正しい使い方

　トレッキングポールの長さは、一定の数値に決めるのではなく、登山道の傾斜によって変えよう。歩く前に、登りでは短め、下りでは長めに調節し、固定する。歩き始めたら、持つ場所を変えることで長さを微調整しながら使う。

　岩場ではなく、クサリや木に頼らず歩ける場所なら、トレッキングポールは2本が有効。動きにリズムが出るし、ひざや腰への負担を軽減できる。欠点は、本来トレッキングポールを使わないほうが安定する場所では、かえって不安定になってしまうこと。岩やクサリが連続する場合は、面倒がらずにしまおう。

　ところどころ岩や木をつかむ場所がある場合は1本で。1本でも使わないよりラクだし、あいている手で岩や木をつかみながら歩ける。両手を使う必要がある場合は、ストラップを手首にかけて手を自由に使えるようにするか、バックパックと背中の間に差すとよい。

現在地と標高差の確認

現在地と出発地との標高差、所要時間などをチェック。

ウェアで調節

休憩中は体が冷えやすいもの。こまめに調節を。

登り

短めにセット。登るときの推進力になる。

トラバース

山側は短め、谷側は長めに持つことでバランスを。

下り

長めにセット。前に突いて、やや体重をかけるとラク。

Q 岩場・クサリ場の安全な通過のしかたは?

A 体は垂直にして、安定している場所に手足を置くこと。クサリは補助として使おう

岩場の通過の基本は「三点確保（支持）」。これは両手両足を4つの支点として、このうちの3点は常に手がかりや足がかりを確保、1点のみを動かしていく登り方のこと。これを意識しながら、登りでも下りでも、重力のかかる方向へまっすぐに立った状態が基本姿勢。

岩場では、手がかりより足がかりが重要だ。次の足がかりを見据えつつ、確実に安定している場所を選び、つま先のほうを置くようにする。岩にへばりつくと不安定なうえに、視界が狭くなり肝心の足がかりが見えなくなってしまうので要注意。落下物を避けるため、登っている人の真下では待たないようにする。

また、クサリを使えるのは、1区間につき1人だけにすること。同時に複数人が使うと、バランスを崩しやすくなるので大変危険だ。前後の人とは間隔をあけよう。

基本姿勢

岩にへばりつかず、上半身を離し重力のかかる方向にまっすぐ立つ。下りは特に、この姿勢を心がけよう。

足（フットホールド）

手よりも足が重要。なるべく平らで滑りにくそうな部分を選び、つま先のほうを使って立つ。

手（ホールド）

落石を起こさないためにも、触ってみて動くような石は避けること。動かないところを持つ。

下降のポイント

クサリを使う場合は、片手でクサリを持ち、片手は岩に添えて。次の足場を見据えながら、確実に足を置くこと。

足を置くハシゴの通過方法

まず、トレッキングポールを持っている場合は、しまうか手首にかけるかして、手を自由に使えるようにする。山のハシゴは金属製でも木製でも、濡れている場合は橋と同じで、特に滑りやすいものだ。ステップ部分を手でしっかりと持とう。足は、つま先と土踏まずの間をステップに置くと安定する。

斜めにかかっているハシゴでは、階段のように正面を向いて下りることもできるが、怖いと感じるようなら、後ろ向きで下りよう。その場合は、上半身をハシゴから離し足元をしっかり見ながら、確実に足を置いていくことが大切だ。

登りは、つま先と土踏まずの間あたりでとらえる。

下りは、急なら後ろ向きで慎重に下る。

クサリやハシゴで手袋はどうするべきか

クサリやハシゴに頼る必要があるときにつけると、手の保護になる。特に、クサリのときは革製または滑り止めの付いた手袋が有効だ。ただし、岩場が連続する場所では外そう。素手のほうが、岩をしっかりとつかめる。

クサリは使わなくてもいい?

クサリは安全に登るための補助的なものなので、無理に使う必要はない。岩や木を持つほうが安定する場合もあるし、同じルートでも、体形やレベルによってクサリが必要か否かは人それぞれ。自分が最も安定する方法で登ろう。

Q 歩くときに 注意することはなに?

A 浮き石、コケの生えた石、木の根、 落ち葉などがある場所は慎重に

浮き石は踏めば転ぶし、落としたら他者に当たる可能性があるという危険な存在。踏んでグラグラした場合は、同行者が踏まないように場所を伝えよう。コケが生えた石は湿って滑りやすいもの。踏まずに通れる場所があれば、そちらを通ろう。

そのほか、道に張り出した木の根にうっかり足を引っかけたり、足を置いて滑ったりすることもある。落ち葉が積もって石や根を隠している場合は特に滑りやすいので、慎重に足場を選ぶことが大切だ。

雪渓を歩くときの注意点

軽アイゼンとトレッキングポールはセットで使う。使わないこともあるが、コースに雪渓がある場合は持参するのがベター。状態がわからなければ、付近の山小屋に問い合わせよう。軽アイゼンの装着は、家で練習しておくこと。ポールのキャップ

コケで緑色になった石を踏む場合は慎重に

は外して使う。歩行の基本はスプーンカットの平らな部分へ、軽アイゼンの爪がすべて刺さるようフラットに足を置く。雪渓の端と中央、クレバスのラインの延長上は割れやすいので注意。雪渓はあらゆる方向から落石がある場所。特に、雨の日は落下物が多く大変危険なので、極力歩かないように。

軽アイゼンは6本爪を

天気がいい日に慎重に歩こう

クレバスのラインの延長上は要注意

Q 登山道には目印があるの？

A 道標や赤テープ、ペンキ印など目印はさまざま

登山道がきちんと整備されている山では、登山者が道に迷わないよう要所に指導標（道標）や目印がつけられている。登山ではこうした目印をひとつひとつ確認しながらたどっていくことが、道迷い防止の第一歩となる。

指導標とはどんなものか？

指導標とは、その道の先にある地名やその方向、所要時間（または距離）などを示した道しるべのこと。行政機関が設置したもののほか、地元のボランティアの手によるものもある。こうした指導標は山登り初心者には心強い存在だが、方角がわかりにくかったり、事前に調べた所要時間とは異なるコースタイムが書いてあったりして、戸惑うこともある。持参した地図やコースガイドとこまめに照らし合わせよう。

指導標以外の目印

登山道で目にする目印としては、赤い布やビニールテープを木の枝などに巻いた赤テープや、ガレ場の岩などに塗料で「○」「→」などを記したペンキマーク、小石を積み重ねたケルンなどがある。いずれもそこが登山道であることを示すものだが、ときに「×」や「キケン」といった迂回を促すペンキ印もある。その場合は指示に従おう。

目印の間隔はまちまちで、設置者が迷いにくいと判断したところは数百m以上も設置されていないこともある。また、霧が出ていたり、疲れて足元ばかり見ていて目印を見落とすこともありうる。ただ目印を追うだけでなく、こまめに地図で現在地を把握し、進行方向や周辺の地形を確認しておくことが道迷い防止の決め手となる。

指導標のあるところでは、地図を開いて必ずルート確認をしよう

左：赤い布やビニールテープは進行方向を示す目印　上：ペンキで描かれた→や○マークは指示に従おう　下：ケルンは登山ルートを表わすほか、登頂記念に積んであることもある

65

Q コンパスと 地図の選び方を教えて!

A 目的別に使い分けよう

山で使うならプレートの付いたフィールドコンパスがおすすめ。基本的な地図読みはすべてこれでできる。ミラーコンパスは、より精度が求められる山に挑戦するときに買おう。プレートのないものはコンパクトで持ち歩きやすいが、正確な位置の測定が必要な作業には不向き。地図読みをひととおり身につけたいなら、プレート付きを用意したい。

地形図は、2万5000分ノ1地形図と登山地図の併用がおすすめだ。登山計画や一日の行程確認など、全体を把握したいときは登山地図が便利だ。ほぼ毎年改訂される『山と高原地図』(昭文社)なら、最新の情報が把握できる。山で実際の地形と見比べたり、コンパスを使って地図読みをする場合には、より詳細な2万5000分ノ1地形図を使いたい。ただし、調査が行なわれないかぎり情報は更新されないので、地域によっては廃道が掲載されていることもあるから注意が必要だ。

地図の入手方法

P67で紹介しているようにネット

ハンディコンパス	フィールドコンパス	ミラーコンパス

プレートなどが付いていないシンプルなコンパス。コンパクトなので携帯に便利。方角を確認するだけならこれで充分だが、正確な位置の割り出しが必要な作業などには向かない。	プレート付きのコンパス。プレートとコンパス本体の矢印を使って、正確な角度や位置を割り出せる。プレートのサイドが定規になっているので、地図上で距離を測定するにも便利だ。目盛りが細かいものがおすすめ。	フィールドコンパスにミラーが付いたタイプ。ミラーに照準線が引かれ、目標物をまっすぐ見たままミラーに映ったコンパスを確認できる。誤差が少なく、雪山やヤブ山など、より正確な読図が求められる山で活躍する。

から印刷するか、地形図を扱っている登山専門店や大型書店で手に入る。在庫の有無を問い合わせてから買いに行こう。地図専門店なら、在庫切れの可能性は少ない。 図葉名を伝えればスタッフが地図を探してくれる、御茶ノ水の内外地図（wainwrightmap.co.jp）などが便利だ。 近くに販売店がない場合は、ネット通販が便利だ。 日本地図センター（www.jmc.or.jp）では、 紙の地図やデータの通販ができる。

2万5000分ノ1地形図

国土地理院発行の、 全国をカバーする地図。 一般的な登山地図に比べても縮尺は大きく、より詳細な情報が得られる。 3色刷りですっきりしているので書き込みにも便利。 水濡れには弱い。 4355面あるので、 必要な図葉をガイドブックや国土地理院の地図閲覧サービス（ウォッちず）などを使って調べる。

登山地図

登山用に特化した地図。 特定山域をカバーできるよう縮尺が調整されて、 5万分ノ1のものが多い。山小屋や水場などをアイコンで表示。 コースタイムも記載され、 登山計画に役立つ。 陰影がついているので地形をイメージしやすい。 写真は登山地図で一般的な『山と高原地図』。 耐水紙。 昭文社刊。

ネットでダウンロード&印刷できる!?

ネットで地図をダウンロードして、 自分で印刷することもできる。 以下に、 主要なウェブサイトとアプリケーションの特徴をまとめた。

[地理院地図]
国土地理院の電子国土基本図データ提供サイト。 無料でA4とA3サイズの印刷が可能。 ほかにも読図に欠かせない磁北線の書き込みやプランニング時に便利な断面図の作成もできる。 また、 地図情報をインターネット上で誰とでも共有できる機能があるので、 SNSへの投稿に利用したり、 URLをQRコードで表示して仲間に送信する

ことも可能だ。

[カシミール3D]
電子国土基本図データを利用して地図の印刷が可能。 ほかにも、 カシバード機能を使うと、 鳥の視点になって展望を3Dで見ることができるため、 山頂からの展望図を描くことも可能。 さらに、 写真撮影を行なうときに、 影になる時刻や、 太陽が出てくる時刻を計算できる。 また、 GPS機器やスマホのGPSアプリとデータの連携ができるので、 自分が歩いたコースや時間を表示して、 ペース配分などを確認することもできる。

＊電子国土データの使用は、 電子国土Webシステムの利用規約の範囲内に限られる。

2 — 山を歩く

地図

67

Q 山岳地形の基本、教えて!

A 尾根と谷を理解できればOK

大雑把にいうと、山は尾根と谷（沢）からできている。その組み合わせによって、複雑な山岳地形が生まれている。

地図を読み解くには、この尾根と谷を見分けられるかどうかが最初のポイントである。尾根は周りと比べて高くなっているところ、また、谷は周りより低くなっているところだ。実際の山を見ればこの違いは一目瞭然だが、地形図をパッと見ただけではなかなか判別できない。地図上で見分けるコツは、最初にピークを探すこと。ピークは等高線が丸く囲まれているので、地形図のなかでも最も見つけやすいものだ。

ピークを囲む等線のうち麓側に膨らんでいるところが尾根だ。最初は、コピーした地形図の尾根と谷に、それぞれ蛍光ペンで色をつけると地形をイメージしやすい。尾根にまず色をつけ、それに挟まれた谷に色をつける。それでもわからなければ、最初から色分けされた登山地図を見てみよう。また、P67で紹介した「地理院地図」の3D機能や「カシミール3D」などで立体図をつくってみてもわかりやすい。

ピーク
山の頂上。いちばん高いところ。地形図上でもわかりやすく、地図読みのいちばんの目印になる。

尾根
周囲と比べて高くなっている部分。谷と谷に挟まれた、高い部分の連続。地形図上ですぐに谷と見分けられたらスジがいい。

その他の用語

森林限界
高木が生育できる高度の限界。ここを境に針葉樹林帯からハイマツなどの低木帯に変わる。北アルプスでは標高2500m付近。

稜線

尾根のなかでも、ピークとピークを結ぶ線、主要なピーク同士を結ぶ主脈を稜線と呼ぶことが多い。

コル

ピークとピークを結ぶ稜線上の、いちばん低い部分。鞍部、乗越。峠は、コルのうち、そこを乗り越える道があるものを指す。

谷・沢

周囲と比べて低くなっている部分。尾根と尾根、山と山の間の、低くくぼんだ部分。水が流れていないこともある。

取付

平坦な道から、尾根に登り始めるところのこと。登山口を表わすことも。沢や岩、雪渓などに登り始める場所のことを指す場合もある。

小ピーク

周囲より高くなっている部分はすべてピークだが、そのうちの主要ピーク以外を指す。尾根上にある小さな隆起など。

支尾根

尾根のうち、特にピークから延びるものを主稜、そこから派生する枝尾根を支尾根（支稜）と呼び分ける。

巻き道

山頂を通らず山腹を通過する道。岩や滝などを回避する場合にも使う。巻かずに山頂などに向けてまっすぐ登ることを直登という。

右岸・左岸

沢や谷の左右の岸を表わすときの呼び方。上流から見て右側が右岸、左側が左岸のため、山を登るときは見た目と逆になるので注意。

出合

複数の谷や沢が合流する箇所。本流に支流が注ぐ箇所も指す。尾根や登山道が出合う場合にも使うことがある。

Q コンパスと地図の使い方を教えて!

A 現在地を確認するところから始めよう

地図読みの基本は、地図と実際の地形を比較して現在地を確認することだ。そこから進むべき道が見えてくる。そして、自分がどこを歩いているか常に意識することができたら、ルートミスにもすぐ気づき、深刻な道迷いを防止できる。

現在地確認の方法には、山などの目標物を2カ所使って、コンパスワークで現在地を割り出す「クロスベアリング」があるが、実際に山で使うことは滅多にない。地図の向きを方角に合わせる「整置」でかなりのことが見えてくる。今回は、まず基本の整置を学び、応用編として、クロスベアリングの簡易版ともいえる「単測法」を紹介しよう。登山道を歩いている分には、このふたつで現在地が推測できる。

整置して現在地を予想してみよう

見晴らしのいい場所で地図を開く
まずは地図を開こう。見晴らしのいいところで地図読みをしたほうが、現在地を予測するためのヒントが見つけやすい。ただし、ずっと見晴らしが悪い山もあるので、いい場所が見つからなくても、休憩のたびに開いてみるといいだろう。このとき、体は進行方向にまっすぐ向けるとわかりやすい。

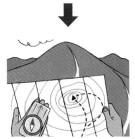

コンパスの磁針と地図の磁北線をそろえる
まず、地図を片手に持ったまま、もう片方の手にコンパスを水平にのせる。磁針のN極(赤いほう)が指しているのが磁北だ。次に、磁針の向きと、地図に前もって引いておいた磁北線の向きが平行になるように合わせる。このとき体の向きとコンパスをのせた手は動かさず、地図を回すのがポイント。

整置した地図を見て現在地を予想しよう
ここまでが、地図と実際の方角をそろえる「整置」と呼ばれる技術だ。この状態で地図と周りの景色を見比べて、現在地を予想してみよう。

単測法で現在地を確認してみよう

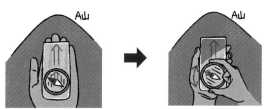

単測法では、目標物と自分を結ぶ線と、登山道との交点を探し、現在地を特定する。名前のわかる山（ここではA山とする）を目標物に決め、水平に構えたコンパスのプレートの矢印をA山に向ける。

プレートの向きは固定したまま、カプセル（コンパスの磁針が収まった丸い部分）を回して、磁針のN極とカプセルの矢印を合わせる。現在地から見てA山が磁北に対し何度の位置にあるのかがわかる。

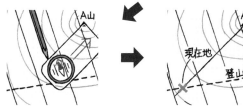

地図の上に、カプセルの矢印と地図に引いた磁北線が平行になる向きでコンパスを置く。その向きのまま、プレートの縁を地図上のA山に添える。A山からコンパスの縁に沿って鉛筆などで直線を引く。

A山から引いた直線と、いま歩いている登山道との交点が、現在地。登山道と垂直に交わる方向に見えるものを目標物にすると交点が明確になる。地形から現在地を予想したあとの答え合わせにいい。

コンパスは真北を指さない

コンパスの磁針（N極）が指すのは磁北。これに対し、地図上の北（通常、地図は北が上）は真北と呼ばれ、北極点を指す。磁北は真北から微妙にズレていて、このズレの角度を「偏角」と呼ぶ。地域ごとにそのズレは異なり、日本では西にズレるので「西偏」ともいう。各地の西偏は地形図に記載されている。

このズレを無視して地図を読むと、かなりの誤差が生じる。現地でいちいち角度を確認するのは面倒なので、

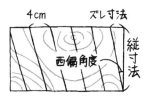

出発前に磁北を表わす磁北線を引いておくのがベターだ。P67で紹介した地理院地図が便利。なお、コンパスは電子機器などの影響も受ける。離して使うことも大切だ。

Q 現在地を確認しやすい 場所はどこ？

A 地形の変化が地図を読み解くヒントだ

張りきって地図を開いたものの、変わり映えのしない樹林帯で現在地がさっぱりわからない…なんて経験はないだろうか？　地形や周囲の景色に変化のない場所は、それだけ地図読みのヒントが少ないということ。事前に地図を見て、ヒントとなる地形の変化をたくさん見つけておくことが大切だ。

特に尾根上の道に出る地点は、見晴らしもよいので現在地を把握しやすい。そのような場所は出発前に確実に目星をつけておこう。そして、実際にそこへ行ったら、尾根が続いている方角や標高差、ピークなどを地図と見比べてみよう。

2万5000分ノ1地形図＝八ヶ岳西部

Ⓐ沢や崖

沢や崖など、地図に記号で表記されるような特徴的な地形が近くにあったらチャンスだ。自分が沢や崖のどちら側にいるのかから、現在地を推測できる。沢なら、特に対岸へ渡るところなどで位置を特定しやすい。

Ⓑ道幅の変化

車道から林道、林道から登山道など、道幅の変化が地図上にも表われるところは位置を特定しやすい。登山道が道路と交差する、遠くに車道が見えることもヒントに。道幅ごとの地図記号の変化を頭に入れておこう。

Ⓒ尾根や稜線に乗る

斜面をつづら折りやトラバースで登る道から尾根上の道に合流する、直登ルートから稜線へ出る、などもいい目印だ。地図上の尾根に色をつけておくと、どこから登山道が合流しているかがはっきりとわかる。尾根から下りる場合も同じだ。

Ⓓ分岐・曲がり角

登山道の分岐点は、整備された山ではかなりわかりやすい目印だ。ただし、低山などで脇道が何本もある場合や、廃道が表記されているような場所では注意が必要。また、登山道や尾根がくっきり曲がる場所も、地図上で見つけやすい。

Ⓔ植生の変化

いちばんわかりやすいのは森林限界だ。北アルプスなら標高2500m付近で、針葉樹林などから一気に視界が開けハイマツなどの低木帯になる。そのほか、笹地や裸地など、地面の状態は細かく記号で表わされる。

Ⓕコル

ピークとピークの間の低くなった部分をコルまたは鞍部と呼ぶ。今まで下っていたのが急に登りに転じた、というときはコルを通過したということ。地図上でも、等高線がその名のとおり鞍のような形でわかりやすい。

Ⓖピーク

これは言わずもがな。ピーク標があるような主要ピークはもちろん、小ピークでも地図読みポイントになる。ピークの上を通過するときだけでなく、巻き道を通過したり、近くに見えただけのときも目印にしよう。

山の天気は街と違うの?

街よりも厳しく、コロコロと変わる

山の天気が急変しやすいワケ

山は街に比べて雲が発生しやすく天気も崩れやすいが、その最大の原因は上昇気流にある。風は平野部だと上昇も下降もせず、地面と並行して吹くことが多い。しかし、山があると風は山肌に沿って上昇するので、大気中の水蒸気が冷やされて雲ができやすくなる。特に山が連なっている場所では広範囲に上昇気流が発生するので、雲も大きくなることが多い。

それに加えて、標高が高いところほど風が強くなる傾向がある。また、高山では平野部よりも気温が低くなることは知られているが、1000m高くなると約6度下がるといわれる。気象庁のデータによると、東京都の8月の平均気温は27.4℃だが、富士山の山頂では6.2℃だ。つまり山は下界と比較すると、①天気が変わりやすく、②風が強く、③気温も低いのだ。

麓が雨でも山頂は晴れていることも

雲は大気の安定度によって成長度合いが変わってくる。大気が不安定だと雲が上方に発達するが、安定していると上方に発達せずに水平方向に延びてゆく。このような場合は、山麓は霧や雨だが、山頂では青空の下に雲海が広がる壮大な景色が眺められることがある。

大気の安定度を判断するには、上空に寒気が入ってくるかどうかをチェックするとよい。

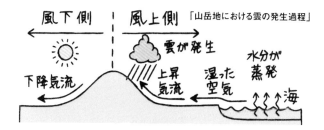

「山岳地における雲の発生過程」

風下側　風上側

雲が発生

上昇気流

下降気流

湿った空気

水分が蒸発

海

Q 山の天気は 季節によって違うの?

A 季節特有のパターンがある

四季の山岳気象の特徴

登山のベストシーズンといわれる真夏は、日本列島が太平洋高気圧に覆われ晴れの日が続くことが多い。太平洋高気圧の勢力は、東西数千kmに及び、これに覆われると台風や低気圧が日本列島に接近できないからだ。ただし、上層に寒気が流入した場合は、雷雲が発生し落雷の恐れがある。

春や秋は、暖かい空気と冷たい空気がぶつかると短時間で低気圧が発達し、天候が急変することがある。半袖でも山に登れるほどポカポカした陽気だったのが、突然吹雪になることもしばしばだ。急な天気の変化に対応できるような防寒具や装備は必携だ。

冬は西高東低の冬型の気圧配置になると、山は日本海側を中心に吹雪となる。雪があまり降らない太平洋側の山を除くと、ある程度の熟練者以外の登山は難しい。

四季の気象パターンのまとめ

四季のよく見られる気象パターンをおさらいすると、夏は太平洋高気圧に覆われると晴れの日が続く。秋は台風や秋雨前線が近づくと天気が崩れるほか、低気圧の急発達に注意。春は低気圧・高気圧が交互に通過することが多い。梅雨の時期は梅雨前線の活動の活発化に注意。冬は冬型の気圧配置になると日本海側の山では降雪となり、太平洋側の山では晴れることが多い。

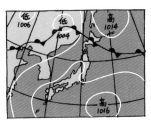

太平洋高気圧に覆われた夏の典型的な天気図

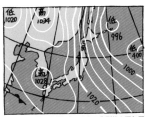

西高東低の気圧配置となった冬の典型的な天気図

75

Q 山の天気予報は 何を見ればいい?

A 天気図を見るのがいちばん。 読めないなら山の風上側の予報を見よう

天気予報は風上側をチェック

最近はウェブサイトで山の天気予報を見ることができるが、参考までにとどめておいたほうがよい。コンピュータで計算している予測は、実際の気象とは異なる場合がある。山の気象予測は、天気予報よりも、24〜72時間先の予想天気図を見るほうが確実だ。

しかし、天気図は訓練を積まないと読むのは難しい。そこで気象庁発表の府県天気予報を利用して、山の天気を自分で予測してみよう。府県天気予報は気象庁のウェブサイトで入手できるほか、テレビやラジオの天気予報でも発表されている。山頂はいくつかの都道府県にまたがっているので、どこの天気予報を見たらよいのかわからないことがある。そんなときは、自分の行く山の風上側の天気予報をチェックしよう。

P74で述べたように雲は山の風上側で発生しやすいからだ。

槍ヶ岳に登るときの天気予測

たとえば、北アルプスの槍ヶ岳の場合、西寄りの風なら岐阜県飛騨地方や富山県東部、東寄りの風なら長野県北部や長野県中部地方をチェックするとよい。風向きも府県天気予報で発表されている。ただし内陸の都道府県では地形の影響を受けるので海沿いの都道府県の風向をチェックしよう。

槍ヶ岳なら富山県東部の風向きを見るとよいだろう。山にスマホなどを携帯していて、ウェブサイトを閲覧できるならHBC（北海道放送）の高層天気図や気象庁のウィンドプロファイラを参考にしてもよい。北アルプスの場合は「高田」「福井」の高度3kmの情報を見てみよう。

〈気象予測に役立つウェブサイト〉

・気象庁
実況および予想天気図、風向きや風の強さがわかるウィンドプロファイラなど気象予測に役立つデータが充実している。

・山の天気予報
山岳気象予報会社「ヤマテン」が運営するサイト。月額330円で会員登録すると、全国18の山域の天気予報や大荒れ情報が閲覧できる。

・北海道放送の専門天気図
地上天気図のほか、高層天気図、予想天気図なども各種そろっており、気象の専門家からも好評なウェブサイト。

Q 雲を見れば天気が予想できるってホント?

A ある程度は予想できるが、正確な判断は難しい

観天望気だけの天気予測は危険

雲や風、空の色などの変化を見て、天気を予測することを観天望気という。現在のような天気予報が発達する以前は、農業や漁業にたずさわる人たちを中心に観天望気が利用されてきた。しかし、その習熟には経験が必要であり、地形や緯度によっても違いがあるので、それだけで天気を予測するのは危険である。天気図などほかの気象情報と併せて利用するのがよいだろう。ここでは、そのなかで初心者でも判別がつきやすいものを紹介する。

積乱雲の発達には要注意

まず覚えておきたいのが、夏の積乱雲の発達だ。積乱雲は突然の大雨や落雷、竜巻などの災害をもたらすもので、登山者が最も注意したい雲である。積乱雲は、積雲という上空約1kmの高度にあって青空にぽっかり浮かぶ雲が成長したものである。積乱雲は雲の上部が氷点下に達する5~16kmの高度まで発達する。特に気をつけたいのは、風上方向に積乱雲が発生しているときだ。上空の風に流されて勢力を増しながら風下側に移動してくることが多い(標高が2000m以下の低山だと上空とは別方向に風が吹いていることがあるので、風向きは判別できない。高山の稜線上は、上空と同じ風向きなので判別できる)。

また、朝の早い時間に積雲が発達し始めたら要注意だ。気温の上昇にともなってさらに大気が不安定になり、落雷や豪雨の恐れがある。そんな日は可能なかぎり行動時間を短くしたほうがよい。ほかにも、強風など荒天時に現われる雲として、レンズ雲や笠雲なども覚えておきたい。

積乱雲が発達するのは、天気が荒れる予兆だ

笠雲は悪天の兆候といわれている

Q 雨が降ってきた！出発は見合わせたほうがいい？

A パーティの力量やコースによって判断すべき

森林限界を判断の目安にする

雨が降っても行動すべきかどうかは、ケースバイケースである。パーティメンバーの体力・経験や、どんなコースを歩くのか、天気が回復する見込みがあるかなどを総合的に考えて判断しよう。

もしメンバーが初心者ばかりで、荒天が予想される場合、森林限界を超える山なら引き返すことを考えたほうがいい。稜線で雨と風にさらされると低体温症になる危険がある。特に最近は、夏山でも低体温症が原因で命を落とす登山者が続出している。2009年に起きたトムラウシでの大量遭難事故を記憶している人も多いだろう。低体温症の原因は、影響が大きな順に「風」・「濡れ」・「低温」といわれている。雨に濡れたままで稜線上の強風に吹かれると、体温は急速に奪われる。状況にもよるが、人によってはたっ

た30分で低体温症によって行動不能になることもあるという。

だが森林限界を超えない樹林帯歩きなら多少天気が荒れても、風や雨をまともに受けることは少ない。大雨による土砂崩落や沢の増水などの危険がないなら、行動することを考えてもよいだろう。

また、富士山のようにコース上に樹林帯がなく、独立峰で強風が吹きやすいところは、荒天になっても避難する場所がない。自分の登る山の地形と天気の特徴、山小屋の位置やエスケープルートなどを調べておくと、天候の急変にも慌てずに対処することができる。

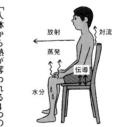

「人体から熱が奪われる4つの原因」

放射　対流

蒸発

伝導

水分

対流：風によって体温が下がる、伝導：濡れた衣服などが体に触れて熱を奪う、蒸発：発汗が気化するときに熱を奪う、放射：体から直接的に熱を放出する

Q 雷に遭うのがコワイけど、予測することはできる？

A 確実に予測するのは無理だが、ある程度は可能

雷発生の予測方法

雷は局地的に発生するので予測するのは難しいが、雷が発生しやすい気圧配置がある。それは日本海に前線が停滞したり、南下してくる場合だ。このようなときは、前線に近い日本海側で積乱雲が発達するので、日本海側の山では早朝から雷が発生することが多い。また、積乱雲がしだいに南下してゆくと、太平洋側の山では午後になって落雷の危険がある。

雷が大規模に発生するかどうかは、富士山頂と御前崎の気温差を計算することで予測できる。気温差が25度以上あるなら要注意だ。これは中部山岳、富士山、関東周辺の山に限られるが、目安にはなるだろう。ほかにも、携帯型の雷警報器やAMラジオに入るノイズからもある程度の予測は可能だ。

雷に遭遇したときの避難方法

落雷直前には、髪の毛が逆立つように感じたり、岩石や樹木から「ジージー」というコロナ音が聞こえることがある。このような場合は、すぐさま退避行動をとったほうがいい。遠くでゴロゴロと鳴っている場合は、山小屋など退避場所までの距離を考えながら行動しよう。もしすぐ近くで雷光が見えた場合は、すぐに退避行動に移ることが大切だ。もし稜線上にいたなら、斜面を下りてしゃがみ込んで、なるべく低い姿勢をとること。このとき、近くに大きな岩や高い木がないことを確認するのも大切だ。また、樹林帯の中は高い木に雷が落ちて側撃雷（樹木などに落雷し、近くの人や物に再放電すること）の可能性があるので、避けたほうがよい。

「落雷時は、樹木のそばは危険」

雷の音がしたら、樹木の高さの1/2の距離まで離れよう

「雷のときの退避姿勢」

両足を閉じて、できるだけ身を小さくする

Q 山小屋って どんなところ?

A 登山者を守る、宿泊施設

山小屋とは、山の中にある宿泊施設のことだ。ここでは、スタッフがいて食事や寝るところを提供してくれる山小屋について紹介するが、ほかにも、管理人は常駐せず、食材やストーブを持参し自分で食事を作り、自分の寝袋で寝ることが基本となっている無人小屋(避難小屋ということもある)もある。

日本の山小屋の始まりは、山岳信仰のための宿坊といわれている。その後、山岳遭難防止のために避難小屋として建てられたものもある。今でも山小屋は単なる「宿泊施設」としての役目だけでなく、登山者の安全を守るために避難を受け入れたり、救助活動、登山道整備などをしてくれている。

街なかにあるホテルや旅館と大きく違う点は、過酷な自然環境に立っているということ。自家発電をしていたり、沢から水を引いたり、雨水をためているところもある。

食材はヘリコプターや人力で荷上げしている。ゴミや尿処理にも相当の苦労がある。私たちが山小屋に泊まるときは、こういった山小屋の歴史や自然の条件、その陰で山小屋スタッフがどんな苦労をしているのか想像したい。

山小屋外観
山小屋は登山者の避難場所でもあるので予約なしでも泊まれるが、最近は定員制、予約制の山小屋も増えているので、事前に確認すること。また混雑時の宿泊、グループでの宿泊、前もって宿泊の日程がわかっている場合は、なるべく予約をしよう。

部屋
寝るためのスペース。大部屋と個室があり、個室は特別料金がかかる。あらかじめ布団や毛布、枕がセットされているので、指定された寝床を使うこと。部屋にコンセントがあることはまれです。スマートフォンなどの充電は、予備バッテリーを持参しよう。

食堂

朝夜の食事をするところ。宿泊者が多い場合は、何度かに分けて食事が提供される。食事の時刻はチェックイン時に確認し、混んでいる場合は速やかに食事を終えて、次の人に譲るのがマナーだ。

乾燥室

濡れた雨具やウェアなどは乾燥室へ。ハンガーや洗濯バサミがある場合は、これらを使って乾かす。部屋に持ち込むと布団などを濡らしてしまうのでNG。ほかの人の持ち物と間違えないよう気をつけよう。

談話室

本やマンガ、雑誌があるので、空いている時間に利用するといい。寝床では早くから寝ている人もいるので、おしゃべりは談話室(もしくは食事後の食堂)を使おう。テレビがあり、気象情報を見ることができる山小屋もある。

トイレ

環境に配慮したし尿処理を行なっている。し尿を完全にテイクアウト(ヘリで山から下ろし街で処理)したり、独自のシステムのバイオトイレなどがある。使用法は異なるが、説明書きがある場合はそれに従う。

夜間の到着は、ダメ!

暗くなってからヘッドランプをつけて山を歩くのは、遭難のリスクが高くなる。また夏山の稜線では夕方になると夕立や雷が発生することが多い。遅くとも15時には到着するよう余裕をもって計画を立てること。翌日の準備をしたり休養したり、山小屋周辺や山小屋ライフを楽しむことを考えると、15時着では時間が足りないかもしれない。山小屋周辺に散策路や夕日が拝めるポイントがあるところもある。

消灯時間は守ろう

消灯時間は21時ごろに設定している山小屋が多い。体調不良だったり、翌日の出発が早い人のなかにはそれより早くに寝ている登山者もいる。夕食後は部屋では静かにするように心がけること。おしゃべりは談話室や食堂で。消灯後は、廊下などの一部のスペースを除き真っ暗になる。ヘッドライトは明るいうちにバックパックから出しておき、就寝後は枕元に置いておこう。トイレに行くときなどに使う。このとき人の顔を照らさないように注意しよう。

受付

山小屋に到着して最初に訪れるところ。チェックインの手続きや宿泊代金の支払い(現金のみが基本)をする。有事に備えて、宿泊カードには連絡先や前泊の場所、翌日のルートなどの情報を記入する。

売店

小屋オリジナルの手ぬぐいやバッジは、人気商品。缶ビールやジュース、ちょっとしたお菓子、ティッシュペーパー、生理用品があるところもあるが、荷上げの状況によっては欠品の場合もあるので頼りにはしないこと。

Q 食事や就寝の時間は 決まっているの?

A それぞれの山小屋で定められた、 時間を守るようにしよう

山小屋はホテルなどとは違い、自分の好きな時間に食事をしたり寝たりすることはできない。 右に、 チェックインから出発までの平均的な流れを紹介する。 詳しくは各山小屋で確認すること。 山小屋はパブリックスペースが多いので、 互いに負担をかけないよう、 決められた時刻やルールを守るようにしよう。

お風呂のある 山小屋も

沢などから潤沢に水を得ることができる山小屋や、 温泉が湧いているところには、 お風呂がある。 お風呂の有無は前もって電話やネットで確認できる。 山小屋のお風呂は、 排水処理システムがないため、 石けんやシャンプーが使用できない場合がほとんどだが、 汗を流すだけで気持ちがすっきりする。 また、 お湯につかると体が温まり、 疲れも取れる。

15時ごろ：チェックイン

遅くとも15時ごろまでには山小屋に到着するよう、 余裕をもって早い時間に出発しよう。 万が一、 遅れる場合はなるべく電話連絡を。

19時ごろ：夕食

混んでいる場合は、 数回にわたるので、 自分の夕食時間が何時であるか、 チェックイン時に確認しておこう。

21時ごろ：消灯

翌日に備えて体力を回復するために早めに休もう。 消灯になると部屋の電気が消え、 自分でつけることはできないため、 ヘッドライトを枕元に置くこと。

5時ごろ：起床

部屋の電気がついて宿泊者が一斉に起きる。 洗面や身支度をテキパキと済ませて、 朝食後はスムーズに出発できるように荷物の準備をしよう。

5時30分ごろ：朝食

朝食も順番制のところが多い。 食べ終えた順に出発できる。 その日の天候やコースにもよるが、 基本的には早めの出発を心がけよう。

6時ごろ：出発

早発ちしたほうが1日の行動時間に余裕ができるので、 たいていの登山者は7時前には出発することが多い。

Q 山小屋で快適に 過ごすコツを教えて!

A 思いやりと小さな工夫が大切

山小屋で快適に過ごすには、互いに思いやりをもつことと、それぞれが工夫をして滞在を楽しむこと。山小屋には都会のような便利さはない。しかし便利なだけが楽しいわけでもない。限られた環境のなかで、自分なりに楽しんでみてほしい。

大部屋でもぐっすり眠るコツ

いびきや寝言、歯ぎしり。お互いさまといえども気になる。そんなときは耳栓だ。眠れないからといって睡眠導入剤を飲むのはご法度。睡眠導入剤には呼吸中枢を刺激するため、高山病になる恐れがある。マッサージやストレッチで体をほぐすと体が温まり、リラックスできるため、寝つきがよくなる。

朝、慌てずに出発するコツ

前の晩にパッキングを済ませてお

くこと。山小屋到着後、濡れたものはすぐに乾かし、荷物の整理をする。パッキング中はガサゴソと音が出てしまう。夜や早朝は周囲の睡眠を妨げるので、早めに済ませる。昼食の弁当は、前の晩に配られることもあるので、受け取り忘れないこと。

山小屋の混雑を避けるコツ

平日に休みがとれる人は、積極的に平日利用をするといいだろう。半日ずらすだけでも効果がある。たとえば多くの人が前夜に家を出て、稜線のA小屋まで行くところを、朝に家を出て、稜線手前のB小屋までにしておくとか。

ガイドブックに載っている計画だけがすべてではない。自分でガイドブックと地図を読み込んで計画してみると、意外に穴場の山小屋、穴場の時期を見つけることができる。

朝日が昇るころには出発する人もいる

朝の準備には充分な時間とゆとりをもって

2 | 山を歩く

山小屋

Q 避難小屋って 泊まっていいの?

A 泊まってよいところも、緊急時の避難限定のところもある

避難小屋とは、天候の悪化などに際して緊急避難場所として利用できる山小屋のこと。建造物の形態は多様で、立派なログハウス風のものから、風雨をしのぐだけのシェルタータイプまでさまざまだ。

避難小屋は基本的に無人

避難小屋は営業小屋と違って、基本的に無人の施設が多い。設置目的が緊急避難用のため、予定しての宿泊利用が禁止されているところもあるが、営業小屋がなく、テント指定地もない山域などでは無人の山小屋として宿泊利用されているところもある。こうした情報は地形図には出ていないので、ガイドブックなどで事前に調べておこう。

南アルプスなどでは夏の盛期のみ管理人が常駐する避難小屋もある。こうした避難小屋は食事の提供こそないものの、寝具や売店を備えていることもあるので、営業小屋のような利用も可能だ。一方で、最低限の設備しかない避難小屋も多い。谷川連峰に多い、建設用コルゲートパイプを利用した避難小屋などは雨風を避けるためだけの機能しかないうえ、収容人数が数人と小さいので、ときには利用者が定員を超えてしまい、入りきれなかった登山者がツエルトにくるまって屋外で眠ることもある。人気エリアの避難小屋を利用するときは、満員で入れなかったらどうするか、対策を考えておくことも必要だ。

避難小屋を利用するときは

一般の宿泊利用が可能な避難小屋に宿泊する場合は、事前に水場とトイレの有無を調べておくこと。水場もトイレもないことが少なくないので、その場合は炊事に必要な飲用水や携帯トイレを持参する。また、寝具や調理器具・食料など、宿泊に必要なものはすべて持参することになるので、装備はテント泊に準じたものになる。

避難小屋を利用する際に気をつけたいのが、火気の管理とし尿の処理、使用後の清掃だ。し尿問題については、悪臭や土壌の富栄養化、水源の汚染などにより、緊急避難以外の利用を禁止したところも

ある。 次に来る登山者が快適に利用できるよう、 小屋の内外をなるべく汚さないように利用し、 自分が到着したときよりきれいに掃除してから出発しよう。

避難小屋のガイドブックもある

普通、 登山のガイドブックといえば登山コースを紹介しているものが多いが、 東日本の避難小屋を網羅したガイドブックも出版されている。 『関東・越後の避難小屋114』（高橋信一著／随想舎）は、 関東・越後の全山小屋を現地調査したガイドブック。 収容人数、 備品・水場・トイレなどのデータを掲載しているので、 プランニングの強い味方となる。

避難小屋にはいろいろなタイプがある。写真は丹沢の木造の畦ヶ丸避難小屋

広々としたきれいな避難小屋では、のびのびとくつろぐことができる

谷川岳のエビス大黒避難小屋は建設用のコルゲートパイプを使ったもの

[完全ガイド]
関東・越後の避難小屋114
高橋信一

西丹沢・奥秩父・多摩から谷川連峰・越後三山など関東・越後の全避難小屋を収録。間取図をはじめ詳細データ満載!!

『関東・越後の避難小屋114』

著：高橋信一
発行：随想舎
02年5月～03年10月現在までの西丹沢・奥秩父・多摩から谷川連峰・越後三山など関東・越後の全避難小屋の情報を収録。間取図をはじめ詳細なデータが満載。古書で入手可能。

Q テント泊って初心者には無理?

A 初心者でもまったく問題なし。近くの山で挑戦してみよう

テントを背負って山を歩くということは、他人の力を借りずに山を歩くことを意味する。日帰りハイキングや山小屋を利用した登山よりも、手応えと充実感のある山歩きが体験できるはずだ。テントを利用した登山は、ある程度の体力さえあれば初心者でも充分可能だ。

テント山行を始めるには

テント泊に挑戦する前に、まずは自分の体力をチェックしてみよう。最新のテント装備はかなり軽量に仕上がっているが、装備一式を詰め込んだバックパックは重さも大きさも日帰りや山小屋泊装備の2倍以上となるため、体力がないとバテたり、捻挫や転倒などのトラブルを起こしやすい。体力的な余裕を残して標準コースタイムどおりに日帰り登山をこなせるようなら、テント泊に挑戦する体力は備わっているだろう。さらに、山小屋を利用した1泊以上の山歩きを経験していると安心だ。

また、テント泊に必要な用具をそろえられるかどうかも重要だ。テント泊に必要な装備を一度に購入するとかなりの出費になるが、平地のキャンプ用ではなく、山岳地帯で使えるものを選ばないと悪天候などで泣く羽目になる。

事前に背負って歩いてみよう

テント泊装備がそろったら、一度すべての装備をパッキングし、食料や燃料の重量も加えて山を歩いてみよう。山岳部などで「ボッカトレーニング」といわれる重装備での歩行訓練だ。重いバックパックを背負うと、歩き方も変わってくることに

テント泊は重くて大きなバックパックを背負って歩くことのできる体力が必要だ

北アルプスの涸沢など、一部のエリアではテントを現地でレンタルすることも可能

気づくだろう。足取りはより慎重に、ペースはいつもより抑え気味になり、余計な筋力を使わないよう上半身がブレない歩き方を無意識のうちにすることになる。

山小屋併設のテントサイト

初めてテント泊に挑戦するなら、山小屋がある山を選ぼう。山小屋に併設されたテント指定地は整備が行き届いて快適だし、水もトイレも確保できる。万が一、天候が崩れても、テントをたたんで山小屋に避難できるというのも心強い。山小屋の売店で軽食なども食べられるので、食料を減らして荷物を軽量化することも可能だ。ガイドブックや登山地図などで、山小屋マークとテントマークの両方が印されたところを探してみよう。なお、テントサイトの利用は事前予約不要のところが多い。ハイシーズンの人気エリアでは、午後遅く到着するとテントを張るスペースが残されていないこともある。あらかじめ混雑が予想されるテント場を利用する場合は早めの到着を心がけたい。

山の地形にも注目

山の地形にも注目しよう。テント装備を背負うとバランスを崩したときのリカバリーが難しく、そのまま転倒しやすい。転落や滑落の危険があるような急峻な地形、つまりクサリ場やハシゴ、急峻なトラバースがあるようなコースは避けて、テント泊に慣れるまではやさしい山容の山を選ぶといい。また、標高が3000m前後の高山はひとたび荒天ともなると激しい風雨にさらされることになるため、森林限界を超えない山が安心だ。

行動時間は短めに

テントを背負ったときの疲労は日帰り登山とは比較にならない。普段、6時間から8時間の日帰り登山に慣れていたとしても、テント山行に慣れるまでは1日あたりの行動時間を5時間くらいまでに抑えておくと安心だ。翌日に疲労を残さないよう、早めにテントサイトに到着し、のんびりと過ごす時間を確保したい。

また、最初はいくつものピークを越えてゆく縦走登山ではなく、ベースキャンプからアタックザックで山頂を往復する方式にするとよい。テント設営地に余分な装備を置いて身軽にピークアタックできるので、体力的にかなり楽になり、リスクを軽減できる。

北アルプスなどの人気山域のハイシーズンは、テント泊の登山者でいっぱい

山小屋のそばにあるキャンプ指定地は、水場やトイレが近いことが多い

Q テント泊にはどんな装備が必要なの?

A 衣食住すべての装備が必要

テント泊山行とは、すなわち衣食住を背負って歩くということ。テントはもちろん、シュラフやマット、食材や調理器具、水など、行動に必要な装備はすべて自分で運ばなくてはいけない。バックパックは50ℓ以上がひとつの目安。荷物が重くなると体にかかる負荷も大きくなるので、ブーツの選択も重要だ。

山小屋を利用する山行からのステップアップとして、テント泊山行を考える人は増えている。テントを使うことによって行動の幅が広がるのは確かだが、山小屋泊まりに比べて荷物が重くなるので無理は禁物だ。はじめは通い慣れた山から、コースタイムに充分な余裕をもって、明るいうちにテントを設営してのんびり過ごすくらいのゆとりある行動計画を立てるのがよいだろう。

初めてのテントは、ベーシックなモデルがおすすめだ。長く使うものなので、スペックにとらわれずに気に入ったものを選ぼう。予算なども極力妥協しないほうがいいだろう。その一方で、コストパフォーマンスが高いショップオリジナルを選ぶのもひとつの手だ。

テント
居住性だけでなく、重量や収納サイズも重要。

シュラフ
「寒くて寝られない」なんてことがないように。

シュラフカバー
夏はシュラフを使わずこれだけで寝る人も。

個人用マット
地面の凹凸を緩和するだけでなく、冷気も防ぐ。

銀マット
個人用マットと役割は一緒。どちらか一方でも可。

ガス＆ストーブ
グループなら共同装備にしても。ガスも充分に。

コッヘル
軽いのはチタン。調理しやすいのはアルミ製。

食器＆カップ
コッヘルと重ねて収納すればコンパクトに。

カトラリー
普段、使っているものを持っていってもよい。

ライター
濡れると火がつかないので雨対策も忘れずに。

初めてのテントはダブルウォールの自立式がおすすめ

テントは、設営方法と本体素材の組み合わせによって4種類に分けられる。まずは「自立式」か「非自立式」か。そして、透湿性防水素材を使う「シングルウォール」か、通気性をもつインナーテントとフライシートを組み合わせる「ダブルウォール」かを考えることが必要だ。

最初の一張りは自立式のダブルウォールがいいだろう。山のテントサイトは狭いしペグが打てないところも多いが、自立式ならスペースさえあればどうにか立てられる。また、日本の山は雨が多いので、前室が確保でき、換気性能に優れるダブルウォールだと快適に過ごせる。非自立式やシングルウォールは二張り目以降、より目的に合ったモデルが欲しいときに選ぶものだといえる。

ダブルウォール・自立式

ポールを差し込むだけでテントが立ち上がるタイプ。最低限、フロアと同等のスペースがあれば立てられるのが利点だ。写真は自立式のダブルウォールで、入口部分に前室がつくれるので雨の日も比較的快適に過ごせる。靴などを置いたり、充分に広ければそこで調理することも可能だ。

シングルウォール・自立式

フライシートを必要とせず、シンプルで軽量・コンパクトになるのが最大のメリット。このタイプは軽量化を最優先するベテラン向けのチョイスといえる。雨が多い夏場は使いにくいし、結露の問題もあるので、メリットとデメリットを理解したうえで使いこなしたい。

シングルウォール・非自立式

ポールのみではテントが自立せず、ペグなどによって地面に固定して設営するタイプ。自立式に比べてポールが少ないので、居住スペースの割には軽量。構造の自由度が高まるので、メーカーの特色も出やすい。ただし、設営には慣れが必要。設営場所も選ぶ。

Q テント泊で山に行く前にしておくことはある?

A 一度、使う前に立ててみよう

過去には、「立て方がわからないから教えてほしい」とテントサイトから電話をかけてきた強者もいるという。買ったまま山に持っていき、テントサイトで初めて開けるなんていうのは絶対にしてはいけない。テントを購入したら、まずは付属品などがきちんとそろっているか確認しよう。張り綱を取り付けたり、シーム処理されていない縫製部分を付属のシームコートで目止めするなど、使用前の準備をユーザー自身が行なわなくてはいけないモデルもある。検品が済んだら、山行前に必ず一度は立ててみること。初めてのテント泊でも、そうすることで不安は減るはずだ。少なくとも設営・撤収は説明書を見なくてもできるように、しっかり身につけておきたい。

付属品やオプションもチェックしよう

上の写真は天井に取り付けるオプションのギアラック。ヘッドランプなどの小物をしまっておくのに重宝する。中央は目止め剤。縫製箇所がシーム（防水）処理されていない場合や、経年劣化でシームテープがはがれた場合などに使う。その下は、万が一、ポールが折れたときに添え木のようにして使うポールスリーブ。併せてテープなどを持ち歩くと心強

天井の物入れは暗闇でもすぐに手が届き、踏みつける心配もない。ヘッドランプや眼鏡などの収納に最適

シームコートは必要に応じて使用。ポールスリーブは必需品。エマージェンシーキットとして固定用テープも用意したい

ペグは固定力が高く、丈夫で軽いものが理想。目立つ色なら紛失も少ない

い。付属品のなかでも重要なのはペグ。頼りなかったり重すぎる場合は、別売りの市販品に取り替えると使い勝手がよくなる。フライシート用には固定力が高いものを用意するなど、数種類を組み合わせると、より実践的だ。こうしたオプションや付属品は事前にしっかりとチェックして、使い方を把握しておく。

うまく収納できない場合は袋を替える

スペック上の重量を少しでも軽くするために、また、見た目を少しでもコンパクトにするために、付属の収納袋は小さすぎるものも多い。これが曲者だ。きれいにたたまないと収納できないから、雨に濡れていたり急いでいたりすると、イライラすることになる。そんなときは収納袋を替えてしまおう。収納サイズは大きくなるが、バックパックの中でほかの荷物に圧迫されればコンパクトになる。防水生地の袋を使えば、濡れたまましまってもほかの荷物を濡

らす心配はない。

グラウンドシートはあると安心

テントのボトムを保護するグラウンドシート（フットプリント）をオプションで用意するモデルが増えている。軽量化のためボトムまで薄いモデルでは、これを併用することで耐久性を高められる。また、雨が降ったときにテントの底からの浸水を防いでくれる機能もある。モデルごとの専用品なので、フロアの形状にぴったり合うのが利点だ。また、テント内に敷くものに銀マットがある。こちらは多少厚みがあるので、地面からの冷気・湿気を緩和する効果も期待できる。いずれも必需品ではないが、シチュエーションによってはあると安心感が強く、快適性のアップにもつながる。

ボトムまで薄くつくられたモデルは、グラウンドシートがあると安心感が強い

防水性のある袋は、濡れたテントをしまってもほかの荷物を濡らさずにすむのが利点

銀マットは厚みがある分、地面の凹凸や下からの冷気も緩和できる

Q テントは どこに張るといいの?

A 安全な指定地に張ろう

×印がついているような状況は避け、なるべく平坦で安定した設営場所を探そう。たとえ平坦でも、高山植物の群生地は自然保護の点からNG。テントを設営する前に状況が目視できるところは確認し、さらに天候悪化などあらゆる状況の変化を想定してみることが大切だ。

テントの設営は基本的に指定された場所で行なう。最寄りの山小屋などで受付を済ませ、トイレや水場の位置を確認しよう。

山中は国立公園内など、幕営が禁止されているエリアも多いので、事前に調べておこう。設営に最も適している場所は地面が平坦で水は

けがよく、風の影響を受けにくいところ。しかし実際にはそのような理想的な場所は少ないので、避けたいポイントを念頭において探したほうがいいかもしれない。

設営時は晴れていても、天候が崩れた場合も想定しておくことが大切だ。傾斜地は雨水の通り道にな

るかもしれないし、くぼ地では雨水がたまる。あらゆる状況を考えて設営場所を決めよう。また、設営時には風向きも考慮しておきたい。地形によっては風が絶えずまわっていることもあるが、一定の方向に吹く季節風の影響を受けるかもしれない。しっかり休息をとるためにも、場所選びは重要だ。

ペグを打つときは
張り綱の角度に注意

ペグには、テント本体を固定する

ものと、張り綱を固定するものがある。写真のように、どちらの場合も少し傾けて打つ。

張り綱が4本以上あるなら、真上から見てテントの中心から外へ、対角線の延長上になるよう張る。横から見た場合は、テントの四つ角に、張り綱を斜辺とした直角二等辺三角形をそれぞれ築くようにペグを打つ。さらに、張り綱の本数を増やして強度を高めることも可能。状況によっては付属の張り綱では足りない場合もあるので細引きを常備しておくと安心だ。

通常の張り綱1本
45度前後
45度前後

左はテントを真上から見た図。対角線の延長方向に張り綱を張る。この場合はテントポールの延長線上になる。張り綱のテンションは、4カ所を徐々に引きながら張っていく。

ペグはテント本体に向かって寝かせすぎず、立てすぎず、少し傾けてしっかり打つ。まったくペグが利かない場所では、大きめの石を代用してアンカーにするといいだろう。

度を高めた張り綱2本
対角線を挟んで、グラウンドシートの各辺と平行になるよう張る。

4カ所で各2本、計8本の張り綱を張ると、テントの剛性が高まる。天候が荒れそうなときに有効な方法だ。

シワなく張る!

テントの剛性は、生地をしわなく張ってこそ発揮される。まず入口反対側を固定する(上)。最後に室内のグラウンドシートを見ながら、しわができないようペグ位置を調整するといい。

Q テントで快適に過ごすコツは?

A 限られたスペースをうまく使おう

テント内は狭い。ソロでも仲間と一緒でも、常に装備の整理整頓を心がけて気持ちよく過ごしたい。数人でのテント泊ならば、共有できるものは共同装備にして、個人装備を減らしておくこともテント内をすっきりさせるコツだ。基本的に、すべての装備はテント内に収める。外へ出してよいものは少ない。前室に装備を置く場合があるが、地面からの湿気があるので、湿気が気にならないものならOK。たとえば、ヘルメットやストーブの燃料など。食べ物は湿気で傷むのでテントの中へ。ゴミ類も、野生動物のことを考えると、ポリ袋でしっかり密閉してテント内での保管が好ましい。

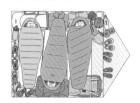

寝るときは
狭いテント内では頭を交互にすれば、肩がぶつかることもなく眠れる。四隅にも物を置いて有効にスペースを使おう。装備は枕元と足元にまとめて置くようにして、出入り口は空け、いつでも出入りできるようにしておく。

設営終了

ポールや本体の収納袋をまとめて、テント内部のポケットなどにしまっておこう。

マットを敷く

保温が目的ならテント内に断熱性のマットを敷き、その上にスリーピングマットを広げよう。

寝る準備

着替えなどを入れた袋を枕にする。すぐ手が届くところに、ヘッドランプを置こう。

荷物の整頓

炊事用具などの装備は整理整頓すると狭いスペースを有効に使うことができる。

Q 雨の日はテントの中で炊事していいの?

A 火器の使用には危険がともなう

　悪天候などによりテントの外で炊事ができないときは、火器の使用はあきらめて調理の必要がないものを食べる。それが最良の選択だ。ストーブを使ったテント内での炊事は酸欠や一酸化炭素中毒、火災などの危険があるからだ。

　ストーブやランタンなどの火器類は、燃焼中に大量の酸素を消費する。酸素不足のまま燃焼を続けると不完全燃焼が起き、一酸化炭素が発生。高濃度の一酸化炭素を吸うと中毒症状を起こす。酸欠は息苦しさを感じるが、一酸化炭素は無色無臭で中毒の自覚症状もないという。また、二酸化炭素中毒の恐れもある。そのほか、テントは燃えやすい化学繊維でできているためストーブをひっくり返すと引火の危険性もあり、狭い室内での炊事はやけどなども考えられる。

　テント内での火器の使用は、命に関わるような事故を招く可能性がある。そのリスクをきちんと理解しておくことが必要だ。

テント内での炊事はとても危険。ランタンなどの火器も同様。引火、中毒症状など、テント内での火器使用にはさまざまなリスクがある。

初めてのテント泊へのアドバイス

　テントに穴が! ファスナーが閉まらない! そんな緊急事態を乗りきれるように、修理のための小物を準備しておこう。また、山から帰ったらテントを立ててしっかり乾かそう。パーツの有無や破損がないかもチェックできる。保管は収納袋には詰め込まず、柔らかくたたんで段ボールなどに入れておくと、生地に折り目がつかず長持ちする。

いざというときのお助けアイテム

安全ピンはファスナーの故障に有効。テントの穴あきには、ガムテープがあるといい。ガムテープはライターなどに巻いておくと使いやすい。

何はなくとも乾燥第一

使用後のテントはよく乾燥させること。特にグラウンドシート部分は湿っているので、よく干そう。乾燥した状態で保管するのが長持ちの秘訣だ。

Q 山での炊事は どうやってやるの?

A 時間と水を節約するのが基本

　山での食事は登山の楽しみのひとつなので、できればうまいものを食べたい。しかし、食材や調理器具をすべて自分の足で担ぎ上げなくてはならないので、携行できるものは限られる。そこで求められるのが、軽くかさばらない工夫だ。たとえば、P97のようにまな板は軽くて折りたたみのできる牛乳パックを利用。お玉はプラスチック製にして、できれば柄を切り取るとさらに軽量化できる。食材も事前に下処理を行なうと、ゴミも少なく調理時間も短縮される。

　メニューを考えるときも軽量化を心がけよう。カレーライスを作るなら、ご飯はお湯を注ぐだけのアルファ化米にするとコッヘルはひとつですむし、調理時間も短い。野菜も家で小さくカットして下茹でしておくと、火が通りやすいので時間と燃料の節約になる。登山では一日の多くの時間を「歩く」ことに費やす。食事の準備や後片付けはなるべく手間をかけずに済ませるのが理想だ。

食器汚れはペーパーで拭き取る

　後片付けをするときは、なるべく水を使わないように工夫することも大切だ。幕営地によっては水場が遠いこともあるし、たとえ豊富な水があっても環境への負荷はなるべく少なくしたい。基本的に山では洗剤は使わないのがマナーだ。食べ終わった食器やコッヘルは、ペーパーなどでサッと拭くだけにしよう。思ったよりも汚れはきれいに落ちるものだ。もちろん使用済みのペーパーは持ち帰ること。食後に飲んだお茶の出がらしのティーバッグで拭くのもおすすめだ。油落ちがよく、ゴミも少なくなるというメリットがある。

　また、ラーメンやパスタの茹で汁などの汁物は、食べきるのが基本。沢やテント場の隅に捨てると、植物や動物などの生態系に悪影響を及ぼすことになる。ラーメンスープならご飯を入れて雑炊にする、パスタの茹で汁ならソースや別の料理に使うようにしよう。

テント場での調理は、できるだけ時間をかけずにスピーディに行ないたい

自炊でカレーライスを作るときの例

[調理器具]

❶水筒
❷牛乳パック
❸ペーパー
❹お玉
❺シェラカップ
❻鍋
❼ハンドル
❽軍手
❾クリップ
❿ナイフ
⓫ライター
　（フリント式）
⓬箸
⓭カトラリー
⓮ストーブ
⓯ガスカートリッジ

[材料]

⓰塩・コショウ
⓱サラダ油
⓲アルファ化米
⓳ソーセージ
⓴カレールー
㉑マッシュルーム
㉒ゆで卵
㉓ジャガイモ
㉔タマネギ
㉕ニンジン

ガスストーブについて

カートリッジに接続するだけで使えるガスストーブは、軽量かつ取り扱いが簡単なので多くの登山者が使っている。気温が低いときや風が強いときに火力が弱くなってしまうデメリットもあるが、寒冷地用のガスを使ったり風防を用意することで解消できる。ガスストーブのタイプとしては、ガスに直結する一体型と、バーナーとカートリッジをホースでつないだ分離型がある。後者は重量がかさむが、重心が安定するので大人数（3〜4人以上）の調理をするときはおすすめだ。逆に少人数なら軽量でかさばらない一体型がよいだろう。

一般的にガスカートリッジの寿命は3〜5年といわれている。それ以上になると内部のパッキンが劣化しガス漏れを起こす危険があるので、早めに使いきるようにしよう。

失敗しないテント選び

　山の厳しい気象に耐えうる性能が求められるのが山岳テントだ。P89で述べたように山岳テントにもさまざまな構造があるが、登山スタイルに合わせてテントを選ぶことが大切だ。

　自立式のダブルウォールは日本の山岳テントの定番だけあって、一般的な山歩きには最も適しているといっていい。歩くペースも距離も標準的で、テントサイトでは料理をゆっくり楽しみ、テントでくつろぎたい、という「ゆったり登山」タイプの人はこれを選べばまず間違いない。1人なら1～2人用、2人なら2～3人用と少し広いサイズが快適。天井が高いものや、前室が広いものを選ぶと居住性がさらにアップする。冬用外張りという保温用のオプションが用意されているテントなら、積雪期を含めて通年使える。

　自立式シングルウォールテントは設営が簡単で軽く、オールシーズン使えるものが多い。ただし、結露しやすい、前室がない、などの理由でダブルウォールより居住性は劣る。荷物を軽量化してハイペースで（または長期で）歩く人や、素早く設営したい雪

山登山など、「ストイック登山」を実践したい人に向いている。

　また、非自立式のテントは比較的軽量だが、岩やガレ場、河原などペグが打てないところでは設営に苦労することが多い。地面が土で確実にペグを打ち込める森林のテントサイトや、積雪期に使用するなどの工夫が必要だ。

　さらに軽量化を追求するウルトラライトハイカーやスキーヤーは快適性を犠牲にして、透湿性防水素材のツエルトをテント代わりに使ったり、床のないフロアレスシェルターを活用したりして装備の軽量化を図っている。なかにはテントのようなフレーム構造で自立するものもある。

　テントの耐風性・快適性と軽量性は相反する要素だ。自分がどんな山登りをしたいのか、それをよく考えることが失敗しないテント選びのコツだ。初めて買うテントで迷ったら、定番を選ぼう。それを使い続けているうちに自分の登山スタイルができてくるし、やりたいことも見えてくるはずだ。より目的に合わせて特化したテントを買うのは、2つ目以降でいいのだ。

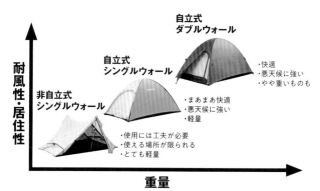

3

山登りの
ヒント

Q 登山者だけの マナーってあるの?

A 登山道で会った人には挨拶をしよう

登山道で人とすれちがうときは、「こんにちは」とお互いに気持ちよく挨拶するのが山のマナーだ。さらに、「浮き石に注意してね」「頂上までもうすぐです」といった情報も伝えるとコミュニケーションが深まる。また、挨拶を交わすことは、黙ってすれちがうよりも相手の印象に残るので、万が一、遭難したときに捜索の手がかりにもなる。そういう意味では、遭難の心配のない観光地化された山では、登山者も多いことから積極的に挨拶をする人は少ない。

また、挨拶は登る人から声をかけるほうがよいといわれている。きつい登りでは息が切れて、挨拶をしたくても言葉が出てこないこともあるからだ。下る人は、登る人に無理に挨拶を強いることがないよう、挨拶がなければ、軽く会釈などで済ませるのがよいだろう。

登山で出たゴミは、すべて家まで 持ち帰るのが原則

これは山小屋利用の場合もテント泊の場合でも同じだ。小屋で捨ててよいゴミは、売店などで購入した飲食物の包装などだけである。登山者のなかには下山地の駅やサービスエリアなどのゴミ箱にゴミを捨てる人もいるが、これもNG。ゴミ処理には、相応の経費がかかる。公共のゴミ箱はそこの場所を利用するときに出たゴミ以外は捨てないのが常識だ。必ず家まで持ち帰るようにしよう。

最近では「来たときよりも美しく」を合言葉に、山中で見かけたゴミを拾って、自宅まで持ち帰る登山者も増えてきた。ひとりでも多くの人がそのようなことを心がけると、山はもっとキレイになるだろう。

Q 登山は登り優先ってホント?

A 原則として「登り優先」だが、ケースバイケースで対処しよう

体力・状況判断に余裕のある下りの人が道を譲る

一般的に登山では「登り優先」というマナーがある。狭い登山道で対向者とすれちがうときに、下る人が登る人に道を譲るというものだ。これは、登りは下りに比べて体力的にキツイので、登る人の歩くペースを乱さないようにという配慮から生まれたといわれている。また、下りのほうが登りに比べて視野が広くなるので、状況のわかる下りの人が退避コントロールをするべきという理由もある。

ただし、多人数で登っているときに、下る人がたったひとりなのにしばらく待ってもらうというのは、気が引ける。そんなときは「お先にどうぞ」と一声かけて先に下ってもらうのがよいだろう。「登り優先」なのはあくまでも原則。その場の状況に応じて臨機応変に対応しよう。道を譲られたときは、「ありがとうございます」とお礼を言うことも忘れずに。

山側に避けるべきか、谷側に避けるべきか

片側が切れ落ちたような危険な登山道で道を譲る場合は、譲る側が滑落の危険が少ない山側に避けるのがよい。譲る側のほうが危険な場所で長時間待つからという理由もあるが、相手が危険な谷側を歩くことで細心の注意を払う心理的な効果も考えられる。逆に谷側に避けた場合、相手は無意識に油断が生じて歩き方が雑になり、押されて滑落することも考えられる。

また、安全な山側で待つ場合は、バックパックは山側に向けて立つと対向者が通りやすい。

Q 登山道からはみ出てはいけないの?

A 山の自然環境のため、はみ出さないようにしたい

登山道からはみ出してはいけないのは植生保護のため

山には絶滅危惧種をはじめとして貴重な高山植物が自生していることが多い。登山道を外れて歩くことは、そのような植物を踏み荒らし、山岳景観を破壊することにつながる。特に残雪期や雨が降ったときなどは、登山道がぬかるんでいることが多く、それを避けるために登山道脇を歩く人が後を絶たない。ほかにも休憩場所の確保や写真撮影のために故意に登山道から外れる人も見受けられる。一度失われてしまった植生を元の状態に回復させるには、非常に長い年月がかかる。美しい山岳景観を守るためには、多少歩きにくいのは我慢して登山道からはみ出ず、必要以上に道を広げないことを意識する必要がある。

トレッキングポールの先端にはラバーキャップをつける

登山道のはみ出しと同様に、トレッキングポールにラバーキャップをつけずに使用すると植生や登山道にダメージを与えてしまう。特に木道や樹林帯などでは、歩行面や植物の根を傷つけてしまう可能性が大きい。環境保護の観点からは、キャップはつけて歩くのがマナーだ。

以前は、岩場など滑りそうな場所では、ラバーキャップを外してポールを使うのよいといわれていた。しかし、登山中にキャップをいちいち装着したり外したりするのは面倒だ。また、岩場ではポールを岩の割れ目などに引っかけてバランスを崩してしまう危険もある。岩場ではポールを短くして、バックパックにしまって歩くのが安全だ。

ポールの先には植物や木道の保護のためにラバーキャップをつけるのを忘れないこと

高山植物保護のためにも登山道を外れないように

Q 山小屋のマナーについて教えて!

A 就寝中は無用な光と音を発しないように注意

最近では個室があるところも増えてきたが、山小屋では大部屋に雑魚寝するのが一般的だ。就寝時間は、ほかの人の迷惑になるので必要以上の音を立てるのは避けよう。消灯後のおしゃべりや飲酒などはもってのほかだ。早朝に出発するときも、静かに準備するよう心がけたい。コンビニやスーパーのレジ袋のカサカサする音を気にする人もいる。荷物はできるだけ前日の消灯前に整理しておくほうがよい。

また、夜間にトイレに行くときはヘッドランプを使うが、寝ている人の顔に光が当たらないように注意しよう。スイッチを入れるときは布団の中か天井に向かって照らしてから光量調節するとよい。

混雑時には、足の踏み場もないほど登山者と荷物がいっぱいなこともあるので、ヘッドランプは、寝る前に枕元に置いておこう。

トイレでは掲示されている注意書きに従おう

山小屋のトイレは各小屋によって決まりがあるので、掲示されている注意書きをよく読んで必ず従うようにしよう。上下水道が整備されていない山岳地では、トイレの維持管理には多大な労力と費用がかかる。チップ制のトイレなど協力金を徴収しているところでは、きちんと支払うのがマナーだ（北アルプスなどではチップ制ではなく有料トイレにしているところもある）。

山小屋では汚泥の処理負荷を減らすために使用済みトイレットペーパーを便槽に捨てるのを禁止しているところが多い。下界のクセでつい落としてしまいがちだが、備え付けの箱に入れるようにしよう。

また、山小屋では洗顔や歯磨きは水のみというマナーもある。これは、石けんなどを使うと排水が環境にダメージを与えてしまうからだ。このように、山小屋ではいろいろと不便なこともあるが、美しい自然を守るためには我慢が必要だ。

Q テントサイトでの マナーを教えて!

A テントはキャンプ指定地で張ること

テントはどこに張ってもよいわけではない。特に国立公園内では決められたキャンプ指定地以外での幕営は、原則として禁止されている。ただし、近くに許可されたキャンプ指定地がない場合、緊急避難的にテントを張らなくてはいけないことがある。その際は、できるだけ自然環境にダメージを与えないように気をつけよう。

人気山域のキャンプ指定地はスペースが限られているので、隣接してテントを設営することが多い。混雑時はあとから来る人のことを考えてスペースを詰めてテントを張ったり、グループ登山の場合はソロテント利用を控えるのが望ましい。また、幕営は山小屋と違って消灯時間が決められていないが、夜遅くまで宴会をやったり大声で会話するのは、ほかの登山者に迷惑だ。できれば21時には就寝するようにしよう。ほ

かにも、ヘッドランプはなるべく下向きにし、ほかのテントに光を当てない、などにも気を使いたい。

生ゴミも必ず持ち帰ること

ゴミを持ち帰るというマナーについては、登山者の間ではほぼ常識となっている。ただ、生ゴミに関しては、「土の中に埋めてしまえば自然に返るからいいんじゃない」と思っている人が意外と多い。これは間違いだ。生ゴミの投棄は野生動物の餌付けと同じ結果をもたらすことがある。クマをはじめとする野生動物が寄ってきて、登山者を襲ったり、本来棲息していないはずの動物が高山帯までやってくるなど、環境に与える影響は大きい。生ゴミも普通のゴミ同様に自宅まできちんと持ち帰るのが、マナーだ。

クマよけ対策について

山で遭遇したくない動物といえば、真っ先に思い浮かぶのがクマだ。登山中にクマに襲われると命を落とす危険もある。登山道の入り口で「クマ出没注意！」という看板を目にしたことがある人も多いだろう。

クマは本来臆病な動物なので、人間の気配を察知すると自ら逃げるか身を隠すといわれている。クマに遭わないためには音を出して、人間の存在をクマに知らせるのが有効だ。環境省自然環境局の「クマ類出没対応マニュアル」にも、「ザックに鈴などをつけておくことで人の存在・接近をクマに知らせ、不意の出会いを避ける」と書かれている。

クマ鈴は、人けのない、クマが出没しそうなところで使うべきものだ。ところが、人がたくさんいる山頂や稜線、山小屋などでも所かまわず鈴を鳴らす登山者が多い。山を訪れる人のなかには、静かな雰囲気を楽しみたくて登る人もいる。クマに遭う危険がないところでは鈴をバックパックにしまうか、音の出ないサイレントモード（最近の鈴にはついているものが多い）にするのがマナーだ。

また、北海道の山に登る場合に気をつけたいのが、ヒグマだ。本州にすむツキノワグマよりも体格が大きく獰猛なため、遭遇することは絶対に避けたい。特に知床国立公園内は世界的にもヒグマの高密度生息地といわれている。地元の知床財団では入山者にクマ撃退用のスプレー（ベアスプレー）や、食材・生ゴミを保管するためのフードコンテナ（ベアキャニスター）の貸し出し（有料）が行なわれている。知床での登山を計画する場合は有効に活用しよう。

北アルプスのキャンプ指定地に出没したツキノワグマ。山域によってはクマが人間のすぐ近くまで寄ってくるので注意したい。山小屋やネットで公開されているクマ出没情報をチェックしておこう

クマよけの鈴は、遭遇の可能性がある場所だけで使おう。電車などの移動時は、消音機能を有効に

食料や匂いの強いものは頑丈なベアキャニスターに入れて、テントから離して管理する

Q 山で見かける高山植物の簡単な覚え方を教えて!

A 色と形別に基本の種類を覚えてみよう

実は、植物の名前を覚える手っ取り早い方法はない。いや、あるとすれば好きになることだろう。好きになろうにも、どの花も全部同じに見える？ う〜ん、それは困った！ それでは、まず代表的なものを色と形別に分けて覚えよう。基準となる花を覚えてしまえば、あとは「ハクサンフウロより、ちょっと小さくて花の色が濃い」「イワベンケイに形は似ているが、花の色がもっと薄い」などとやりながら覚えていけばいい。そして、花を見ながら歩くと不思議といくらでも歩ける。花の名前を覚えることは、楽しく疲れずに山を登るコツでもある。

ピンク

高山植物の女王といわれるのがコマクサだ。女王にふさわしく、稜線の礫地にしか咲かない。草原に多いのはハクサンフウロ。5枚の花びらが愛らしい。ヤナギランは、中腹の山小屋の周りの草地などでよく見かける。スカイツリーのように天に向かって咲く姿が特徴的。ハクサンコザクラは雪渓の周りなどに群生する。ヨツバシオガマは、稜線近くの草原や礫地に多い。

ハクサンコザクラ

ヤナギラン

ハクサンフウロ

ヨツバシオガマ

コマクサ

黄

稜線の垂直な岩場に張りつくように咲くのはイワベンケイ。 肉厚の葉が特徴。
黄色くてもスミレの花の形をしているのがキバナノコマノツメ。 正真正銘スミレ
の仲間だ。 森林限界の草地に多い。 湿った草原に咲く背の高い花はニッコウ
キスゲ。 少しオレンジ色を帯びた黄色。

ニッコウキスゲ　　**キバナノコマノツメ**　　**イワベンケイ**

白

稜線のお花畑を構成する白組の4番バッターは、ハクサンイチゲ。 襟巻きのよ
うな葉が特徴。 さらに乾いた岩場にしがみつくのはタカネツメクサ。 カーペット
状に咲く。 雪渓の下部に咲くのはキヌガサソウ。 傘を広げたような姿が特徴。
白馬大雪渓の登山口、白馬尻の群落が有名だ。

キヌガサソウ　　**タカネツメクサ**　　**ハクサンイチゲ**

青紫

稜線の岩場にはチシマギキョウ。よく見ると花に細かい毛が生えているのが特徴。
ミヤマトリカブトは毒草で有名なトリカブトの仲間。 花期はやや遅く、 8月が最
盛期。 クガイソウは高原地帯に多い。 黄のニッコウキスゲやピンクのヤナギラ
ンなどと同じような環境に生える。

クガイソウ　　**チシマギキョウ**　　**ミヤマトリカブト**

Q 山で動物に出会いたい!

A 習性を知っていたら出会うことは夢じゃない

日本は国土の約3分の2が森林に覆われているが、森林が残されている場所はほとんどが山地。そのため森林性の野生動物のほとんどが、山地で暮らしている。山登りは彼ら野生動物の生息域を歩くことにほかならない。警戒心の強い野生動物を目にするのは難しいものだけど、足跡や糞などの痕跡からも彼らの存在を感じることはできる。そして物音や気配に注意すれば、彼らの姿に出会えることもあるだろう。運よく動物と遭遇したときは、決して驚かせずに静かに観察しよう。ここでは本州の低山帯で出会う可能性のある動物を、いくつか紹介したい。

ムササビ
出会いやすさ ★★★★
出会える場所 **本州・四国・九州**

神社仏閣がある山では、大木の幹に注目しよう。直径10cmほどの丸い穴があれば、ムササビが巣穴にしているかも。夜には巣穴から出て、木から木へと滑空する。

ニホンリス
出会いやすさ ★★★★★
出会える場所 **本州・四国**

夏の終わり、沢沿いのオニグルミの木には、クルミの実を食べにニホンリスがやってくるかもしれない。殻を割る「ジョリジョリ…」という音で気づくこともある。

ニホンカモシカ
出会いやすさ ★★★
出会える場所 **本州・四国・九州**

伐採地や崖が見晴らせる場所に出たら、双眼鏡で探してみよう。岩の上でのんびり横になったり、食事しながら移動するニホンカモシカを見つけられるかも。

キツネ
出会いやすさ ★★
出会える場所 **北海道・本州・四国・九州**

登山道を歩くと、よく石の上に動物の糞が残されている。それはキツネやテンが通った証拠だ。朝早くには、歩いているところにばったり出会うかもしれない。

ツキノワグマ
出会いやすさ ★
出会える場所 **本州**

逆に、出会いたくないのがツキノワグマ。クマ鈴を鳴らしながら歩こう。もし遭ってしまったら、慌てず騒がず、後ずさりで離れること。

Q 山で星空観察を楽しむコツは?

A 季節選びと装備が大切

山の夜、小屋やテントで寝るだけではモッタイナイ。日本は世界一光害が著しいが、標高の高い山上だけは星空観賞のプレミア席だ。多くの星座や天の川、流星など、下界では見られない宇宙を天然のプラネタリウムで体感しよう。

星空を楽しむコツは、まず季節を選ぶこと。冬は晴天率が高く、オリオン座・おうし座・ふたご座など明るい一等星の星座が多いのが魅力。多少の月明かりがあっても主要な星座は確認できる。ただし非常に寒いので、長時間の観察は慣れていないと厳しい。天の川を見るなら夏がいい。新月に近い日は、驚くほどくっきり見える。

もうひとつのコツは準備だ。まずは防寒対策。夏でも山の夜は冷え込む。厚手のダウンやネックウォーマー、冬ならダウンパンツもあるといい。また、カイロで体のコアと手先を保温するといい。

あると便利なのはエアマット。寝転んで見られるから首が痛くならない。また、双眼鏡があれば星団が観察できる。ライトは、幻惑されるので観察中は極力OFFに。

星座早見盤は、現場で初めて見てもあまり役立たない。事前にプラネタリウムに行って、スケール感と方向感覚を理解すると有効だ。

星空を撮影するなら、広角系のf4クラスのレンズで感度3000程度にできるカメラがいい。10秒前後の露光で撮れるはず。露光をマニュアル操作できないカメラでの撮影は難しい。三脚がない場合は、岩や布で固定してブレを防ぐ。

こいぬ座
3 冬の大三角
オリオン座
おおいぬ座

冬の代表的な星座がオリオン座。一等星2つを含む鼓のような形は誰でも識別できる。オリオン座の左上の赤い星ベテルギウス（1）と、その左にあるおおいぬ座のシリウス（2）、こいぬ座のプロキオン（3）を結ぶ正三角形を「冬の大三角」といい、冬の星座観察のよい目印だ。シリウスは全天一の輝星。オリオン座さえわかれば冬の大三角も簡単に見つかる。どの季節でも代表的な星座を覚えれば、ほかの星座を探す手がかりになる。

山座同定ができる
ようになりたい!

「カシミール3D」があればバッチリ!

見えている山の名を明らかにすることを「山座同定」という。気になる山の名前を知りたくなるのは、人間の場合と同じ。地図とコンパスを使った方法が一般的だが、もっと手軽な方法を紹介したい。

事前に詳しい人に聞くか、『展望の山旅』（実業之日本社）のような解説書で予習するのもいいが、現地で確認したければ「カシミール3D」がおすすめだ。このフリーソフト、第1回「電子国土賞」を受賞した優れもの。画面上で見たい場所を指定し、いくつか操作すれば見たとおりの景色が描かれ、山名が表示される。これを印刷して現地に持っていけば一目瞭然だ。

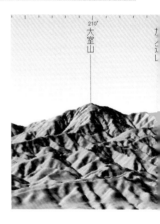

山座同定アプリ「PeakFinderAR」

　現在地からの山座同定はもちろん、行きたい山の山頂からの眺めも表示できるアプリ。世界中の65万の山データが入っていて、オフラインでの使用も可能。iPhone版とAndroid版があり、610円。

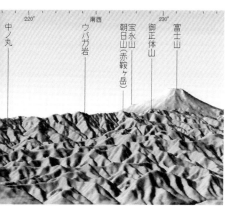

カシミール3Dで、陣場山から富士山方面を見た鳥瞰図を作製した。描画はズームレンズのように調整できる。カシミールの解説書添付のデータを使うか、国土地理院の数値地図をダウンロードして使う。詳しい使い方は作者のHPや解説書にある。

ご覧のとおり、カシミールによるCGと実景は見事に一致するので、見比べるだけで容易に山名を同定できる。山名（地名）はテキストデータなので、表示されないものは、自分で追加できる。

Q 山にはどんな危険があるの?

A 直接的な山のリスクはもちろん、心の中にもリスクがある

山での危険とは、その性格によっていくつかのグループに分けることができる。まず、地形的な危険に起因するもの。岩場の崩落や落石はもちろん、急峻な崖の道のトラバースや、河川の徒渉などもこれに含まれる。次に、天候変化による危険。大雨はもちろん、落雷や突風、ホワイトアウトなど。これら気象の変化により、ときとして低体温症に陥ってしまったり、道に迷ってしまったりする危険が生じる。この2つは「直接的な山のリスク」ともいえるだろう。

それに対して、登山者自身に起因する危険もある。それは装備の不備であったり、登山計画書をつくっていなかったりすること。特に登山計画書は作成自体にも大いに意味があり、それをしないということは、事前のルート確認や装備の検討など、登山に必要な情報収集がしっかりとできていないことになる。こちらは間接的なリスクともいえるし、登山計画書の作成はリスクマネジメントとなるのだ。

まずは、山と登山者自身の双方のリスクをしっかり認識することが、遭難を避けるための第一歩となる。

遭難は山に入る前に始まっている

生死の結果にかかわらず、遭難者にはあるひとつの傾向が強いという。それは、事前の準備が不充分なこと。自分の実力に合わせた山の選定から山行計画の立て方、季節ごとの装備判断に至るまで、すべてが事前準備の範疇となる。この認識があまりない人に、遭難は起こりやすい。準備段階から自身に対するレスキューが始まっていることを忘れずに。

Q エマージェンシーグッズに必要なものってなに?

A 切り詰めると、さほど多くはない

第1には、レインウェアにヘッドランプ、携帯電話の3つを持つことが大事。予備の電池を用意すべきなのは、ヘッドランプも携帯電話も同様であり、この点は特に注意したほうがいい。携帯電話は救助要請に欠かせないものであるが、山中では電波を探すために電池を消耗しやすくなる。なので、必要時以外は電源を切るか、節電モードなどに設定しておこう。また、予備電池の有無で心の余裕も変わってくるだろう。当然ながら、無駄な電話やメールはするべきではない。「遭難なう」とつぶやいて、いざ救助のときに電源が切れてしまった遭難者も実際にいたようだ。

第2には、エマージェンシーシートを持つこと。薄くて軽いにもかかわらず、遭難時には体温の維持に大いに役立つアイテムである。第3は、ツエルトと6mm径・10〜20mくらいのロープがあるといい。結ぶ技術が必要ではあるが、6mmでも手がかりや確保に使えるだろう。

そして第4には救急用品、第5に外傷を洗浄する飲用水、第6には最低限の食料、第7に薬類や爪切り・とげ抜きなどの小物ギア、第8に着替えが挙げられる。

理想はこれらすべてのギアを持っていくこと。数にすると多いようにも思えるが、実のところ、さほどの量にはならない。重さにしても2kg前後であろう。これらのギアについては、常にエマージェンシー用として、まとめて用意しておくといい。

❶緊急時用の食料品、飴などは心を落ち着かせるためにも有効 ❷ヘッドランプと予備電池 ❸携帯電話と予備の充電池。スマートフォンは電池の持ちが悪いので、できれば携帯電話を用意したい ❹地図とコンパスは山歩きの基本 ❺エマージェンシーシート ❻ツエルト。グループにひとつあればいい ❼6mm径のロープ ❽レインウェア ❾ダウンジャケット ❿乾いた着替え ⓫滅菌ガーゼ ⓬厚手の弾性包帯 ⓭テーピング ⓮創傷被覆タイプの絆創膏 ⓯ステロイド外用薬 ⓰ナイフ ⓱絆創膏 ⓲とげ抜き ⓳爪切り ⓴外傷洗浄用のボトル入り飲用水

Q 遭難してしまった！どうすればいい？

A まずは、状況判断が第一!!

　遭難の状況にもよるが、まずは素早く状況の判断をすること。ケガをともなった遭難の場合は、すかさず応急処置を施すことだ。

　単独の場合、意識があって自分で動けるようなら止血などの処置をする。そして、自力下山が難しいと判断したら、迷わず携帯電話で救助要請を。その後、できるかぎり雨風を避けられる安全な場所に移動。体力を消耗しないようにして救助を待つ。

　仲間が1人の場合は、現場まで行けるかどうかの判断が重要。能力以上の救助は行なわないことが原則なので、無理して崖を下りないように。二重遭難の危険があるからだ。現場にたどり着いた場合は、状況を確認して応急処置をする。

　遭難者を安全に搬送できるようなら、原則として下山するか、最寄りの山小屋に搬送する。搬送が難しければ、携帯電話で救助要請をすること。

　仲間が2人以上で携帯電話が使えない場合は、1人が応急処置に向かい、1人が最寄りの山小屋に連絡に行く。また、仲間以外の登山者に救助を依頼することもできる。その場合、口頭では間違いが起きやすいので、できれば遭難者名や遭難場所などをメモ書きにして手渡すと確実だ。

　道迷いで現在地がわからなくなった場合は、わかるところまで戻る。戻るべき方向もわからない場合は、とにかく尾根を登ること。沢を下ると滝や崖などの険悪な地形に阻まれることが多い。自力下山が難しいと判断したら、携帯電話で救助要請する。日没が近づいたら行動を中止し、ビバーク準備をして夜に備えよう。

仲間の名前くらい、知っておくべき!!

　仲間が救助要請を出してはいるものの、遭難者の名前がわからない…。これ、遭難救助で実際にあった話。聞けば、ネット仲間だったらしく、ハンドルネームはわかるが本名は知らないという始末。遭難場所は特定できているので救助は可能だが、はたしてこれでいいわけはない。山登りには命に関わるような危険がともなうこともある。ともに山に登るなら当然、仲間の救助には責任を負うべきであり、名前を知らないで済む話ではない。

遭難時のフローチャート（ケガをした場合）

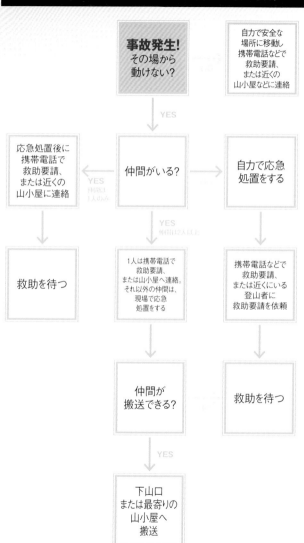

事故発生!
その場から
動けない?

自力で安全な
場所に移動し
携帯電話などで
救助要請、
または近くの
山小屋などに連絡

YES

仲間がいる?

応急処置後に
携帯電話で
救助要請、
または近くの
山小屋に連絡

YES
仲間が
1人のみ

自力で応急
処置をする

救助を待つ

YES
仲間が2人以上

1人は携帯電話で
救助要請、
または山小屋へ連絡。
それ以外の仲間は、
現場で応急
処置をする

携帯電話などで
救助要請、
または近くにいる
登山者に
救助要請を依頼

仲間が
搬送できる?

救助を待つ

YES

下山口
または最寄りの
山小屋へ
搬送

115

Q 救助要請は 110番でいいの?

A 110番ではなく、 地元の警察署に救助要請をする

困ったときは110番。日本人であれば、救助要請先としてまず思い浮かぶ番号はこれだろう。たしかに間違いではないのだけれど、実際のところ110番に通報すると、救助にあたる関係部署にたどり着くまでに多少の時間的ロスが生じることになる。警察も各部署で内容を記録しているので、電話をまわされるごとに同じ説明を繰り返さなければならない。

救助要請の電話をすべき先は、その山を管轄している「地元の警察署」である。入山前に必ず地元警察の電話番号を控えておくといい。また、近くの山小屋へ通報するのも有効な手段。電話で伝えるべきは、遭難した場所・現在の状況・遭難者と通報者の名前など。明確に答えられるよう、とにかく冷静になることが大事。GPSやスマホに位置情報

（緯度・経度）の表示があればそれも伝えよう。

遭難の定義

遭難とは、自分の位置がわからない、自分のチカラで動けない状態のこと。崖からの滑落はもちろんのこと、岩場での転倒や病気に起因するものでも、自力で動けなくなってしまったら、それは遭難である。道迷いも同様で、もしも自分のいる位置がまったくわからなければ、遭難したといえるだろう。たとえ動けなくなったとしても、仲間が近くにいるなら事無きを得ることもあろうが、単独の場合には、とにかく一度冷静になるよう努めるべき。その場の状況把握いかんによって、以後の展開に大きく影響することもある。

Q レスキュー技術を勉強するにはどうしたらいい?

A 講習会に積極的に参加しよう

　山のレスキューやエマージェンシーについては、一度で覚えられるものではないので、繰り返し講習会などに参加することをおすすめしたい。東京都山岳連盟や山岳ガイド、アウトドアショップなどでも、セルフレスキューや安全登山を対象とした一般向けの講習会を実施しているし、救急法などは各地の消防や日本赤十字社などでも学ぶことができる。カリキュラムによって机上講習もあれば、現地講習が実施されることもある。併せて学べば、自身の登山技術もステップアップできるだろう。また、山岳会に入るのもひとつの手。登山について総合的に学ぶことができるし、仲間も増える。ぜひ選択肢のひとつに加えてほしい。

おもな山岳保険・補償制度

保険取扱代理店・制度運営団体	保険・補償制度
日本山岳救助機構(jRO)	山岳遭難対策制度
日本勤労者山岳連盟	労山新特別基金
日本山岳協会	山岳共済会(山岳保険・捜索保険)
日本費用補償少額短期保険	レスキュー費用保険
やまきふ共済会	山岳保険制度
YAMAP	登山保険

救助費用はいくらかかる?

　警察組織のみが捜索をすれば、ヘリが出動しても救助費用は請求されない(最近は自治体によっては請求される)。ただし、たいていは捜索の人手が足りず、民間団体の遭難対策協議会や山岳会に協力依頼をすることが多い。その場合、日数と人数に応じて、必要経費の支払いが必須となる。状況にもよるが100万円、200万円はあっという間で、ときには1000万円もかかる場合もある。やはり、山岳保険や補償制度は大いに利用すべき。限度額はあるものの、捜索費を補償してくれる保険も多い。山の保険は登山用具のひとつと考えよう。

登山用語を教えて！

わかりづらい登山用語のなかでも
基礎的な言葉を中心に解説した。

あ

あかてーぷ【赤テープ】 登山道の目印としてつけられたビニールテープ。

アクセス[access] 登山口までの入山方法や交通機関など。

あこうざんたい【亜高山帯】 高山帯の下部に位置する気候帯。多くはオオシラビソやコメツガなど針葉樹の森になっている。

あたま【頭】 谷の源頭部のピーク。屏風ノ頭など。「かしら」ともいう。

アプローチ[approach] 登山口や岩壁の取付までの行程のこと。

あるふぁかまい【アルファ化米】 水または湯を注ぐだけで食べられる状態の米。最近では被災時用非常食としても人気が高い。

アンダーウェア[underwear] 下着のこと。現在では、速乾性、保温性、抗菌、防臭などさまざまな効果をもつ素材が使われている。ベースレイヤーともいう。登山用下着は化学繊維やウール素材のものがよい。

アンダーウェア

あんぶ【鞍部】 稜線上で、少し低くなっている場所。馬具である鞍のようになっていることから名がついた。タルミ、タワ、コル（仏語）ともいう。

いしぐるまにのる【石車に乗る】 斜面を歩行中、直径1cm程度の小石を踏むことにより、足の下で小石が転がって足を取られる危険な状態。転倒の原因にも。

いっぽんたてる【一本立てる】 登山中に休憩すること。「一本とる」「一本入れる」などともいう。その昔、強力（ごうりき＝荷物運びを職業とする人）が休憩する際に荷物の下に杖を立てて休んだことが語源になっている。

うがん・さがん【右岸・左岸】 谷の上流から下流に向かって右側が右岸、左側が左岸。山を登っているときは左右が逆になる。また、右俣・左俣は、下流から上流を見て右が右俣となる。

うきいし【浮き石】 地面に固定されていない不安定な石。足場にするような大きなものは、乗ったときにバランスを崩しやすい。小さなものでも落石になりやすく、危険。

うんかい【雲海】 高所から眺めたときに、山腹から下が一面の雲で覆われ、あたかも大海原が広がっているかのように見える状態。

エスケープルート[escaperoute] 縦走の途中ですみやかに下山できる道。また、天候の急変などによって計画のルートを避けたり、危険箇所を回避するために利用される道。

えびのしっぽ【海老の尻尾】 強風によってできた、木や岩などに付着した氷や雪。これがえびの尻尾のような形に見えるため。冬の稜線などで見られる。

エマージェンシーシート[emergency sheet] ビニールシートに保温効果の高いアルミ素材を加工したビバーク用軽量シ

ート。緊急時の寒さ対策として、くるまったりして使う。

エルイーディー[LED]　発光ダイオード。電流を流すと発光する半導体素子。電球よりLEDを使ったもののほうが省電力、耐久性に優れ、最近のヘッドランプでは主流になりつつある。

オーバーハング[overhang]　垂直以上の傾きがあるような岩壁のこと。

おはなつみ【お花摘み】　主に女性がトイレに行くこと。男性は「キジ撃ち」という。

おはなばたけ【お花畑】　高山植物など目立つ花が集まって生育している平坦部、または緩斜面。

か

カール[独 Kar]　氷河の浸食により、深くくぼみを描いた山腹の地形。圏谷ともいう。北アルプスの涸沢カールなど。

がいねんず【概念図】　尾根線と水線を基本にして、簡略化して描いた地図の一種。

ガス[gas]　霧のこと。山の下から見ると雲。「ガスが出る」「ガスに巻かれる」などと使用する。

かた【肩】　山頂より一段低いところにある平坦地。槍の肩、谷川岳の肩など。

かやと【カヤト】　ススキなどの大型イネ科植物が生える草地。ササ原をカヤトと呼ぶこともある。

カラビナ[独 Karabiner]　岩登り用の登攀具のひとつ。金属製の小型の輪で、ロープなどをつなぐ。

からみ【空身】　バックパックなどの荷物を持たないこと。「頂上直下の山小屋から、空身で頂上往復」などと用いられる。

ガレ　大小の岩石が大量に斜面を埋めていたり、岩の間を砂礫(されき)が埋めている場所。

かんてんぼうき【観天望気】　空を眺め、雲の形や動き、風向、空気の寒暖、生物の行動などから天気を予想すること。

かんぼく【灌木】　喬木(きょうぼく、高木の

こと)に対していう低木。人間の背丈以下くらいの樹木。

がんりょう【岩稜】　急峻な岩尾根。

きじうち【キジ撃ち】　山での排泄行為を指す隠語。女性の場合は「お花摘み」ともいう。「大キジ」「小キジ」「キジ場」「キジ紙」など派生語が多い。

きっくすてっぷ【キックステップ】　雪の斜面を歩くときに雪面に足を蹴り込むこと。

きゅうとう【急登】　急な上り坂。地形とは関係なく、道の傾斜が急なことを指す。日本三大急登と呼ばれるのは、いくつか説があるが、北アルプス・ブナ立尾根、南アルプス・黒戸尾根、谷川岳・西黒尾根を指す。

きれっと【キレット・切戸】　連なる稜線が、コルと呼ぶにはあまりにも急峻に切れ込んでいるところ。大キレットなど。

くさつき【草付】　崩壊地や雪崩跡に見られる草の生えた斜面。数cm〜1m程度の丈の低い草で覆われ、濡れているときは特に滑りやすい。

くさりば【クサリ場】　一般登山道の急斜面の岩場などに、登降時の安全確保のためのクサリが取り付けられているところ。

クサリ場

けいあいぜん【軽アイゼン】　アイゼン(登山靴の底につける氷雪上での滑り止め道具)のなかでも、爪が4〜6本のもので、おもに夏山の雪渓用か、冬の低山で使用。

けいたいといれ【携帯トイレ】　排泄物を持ち帰るための小型容器。山でのし尿処理問題を解決するためにも持ち歩きたい。

けいねんれっか【経年劣化】　使用頻度にかかわらず、年月とともに強度が低下すること。経年劣化は登山靴のソールの剥離の原因などとなる。

けものみち【けもの道】　山にすむシカやイ

ノシシなどの動物が通って自然にできた踏み跡（小道）。

ケルン[cairn]　石塚、石の道しるべ。円錐形に石を積み上げて作る。ケルンが立てられる場所には、枝道の分岐点、森林限界以上の岩礫斜面、川の徒渉地点、水場への下降点などがある。山頂付近のものは、登頂記念に積まれたもの。

ゴア　透湿性防水素材「ゴアテックス＝GORE-TEX」の略称。「ゴアの雨具」というように使われる。

こうざんしょくぶつ【高山植物】　森林限界を超えた高山帯に生える植物の総称。

こうざんびょう【高山病】　およそ標高2500mをこえる高度の影響によって人体に起こるさまざまな症状の総称。急性高山病。食欲不振、吐き気、頭痛などの症状がある。悪化すると死にいたることも。

こうどうしょく【行動食】　山登りの行動中にとる食べ物。昼食としてまとめてとらず、休憩ごとに少しずつ口に入れる。一日の行動時間の短縮などにつながる。

コースタイム[course time]　登山コースの標準的な所要時間。ガイドブックや登山地図によってその基準は異なる。

コッヘル[独 Kocher]　コンパクトにまとめられる小型鍋のセット。クッカーとも。

こやり【小槍】　北アルプスの槍ヶ岳にある岩峰。山の歌「アルプス一万尺」の歌詞、「アルプス一万尺、小槍の上で」のフレーズで知られている。登るには高度な登攀技術が必要。

ごらいこう【御来光】　山並みの間や、雲間から太陽が昇る様子を敬っていう語。

コル[仏 col]　→鞍部

コンパス[compass]　方位磁針のこと。コンパスの針は真北ではなく磁北を指す。

さ

サブコース[sub course]　本コースに対する副コース。天候や体調の変化を見て臨機応変に対処するため事前に考えておく。

サポートウェア[supportwear]　機能性タイツに代表される、体のスムーズな動きをサポートする役割をもつウェア。

ザレ　粒の細かい砂礫地。

されき【砂礫】　礫は粒径2mm以上の小石。それより小さいものが砂。

さんかくてん【三角点】　国土地理院が行なう基本測量によって位置が定められた基準点で、標石が置かれている。三角点間の間隔の広いものから一等〜四等の順に等級がつけられている。

さんざどうてい【山座同定】　実際の風景や写真を見ながら、山の名前を特定すること。

ざんせつき【残雪期】　登山のシーズンのひとつ。日本の高山の一年は、残雪期、無雪期、冬季（厳冬期）に分けられる。

さんてんしじ【三点支持】　岩場通過の基本技術のひとつ。両手両足の四点のうち、三点を確保し、残り一点だけを動かすこと。三点確保とも。

三点支持

ジーピーエス[GPS]　カーナビと同じく、人工衛星を利用して現在地を測定するシステム。現在は、ハンディタイプのものが普及し、山で使う人も増えている。

シェル[shell]　アウターウェアとほぼ同義。伸縮性のあるソフトシェル、伸縮性のないハードシェルなどに分かれる。

しどうひょう【指導標】　分岐点などに立てられる、方向・距離などを示す標識。道標ともいう。

じゅうそう【縦走】　稜線伝いに複数のピークをたどっていく登山形態。

シュラフ[独 Schlafsack]　寝袋。スリーピングバッグともいう。中綿の種類には、ダウン（羽毛）と化繊がある。

しゅりょうせん【主稜線】 稜線のなかでも、山群の背骨というべき主要な山稜。

しょくがい【食害】 虫や動物が植物などを食べることによって起こる被害。近年になって山では増えすぎたシカによる食害が問題視されている。

しんぱいそせいほう【心肺蘇生法(CPR)】 救命手当てのひとつ。気道確保、人工呼吸、心臓マッサージなどがある。全国の消防本部などで講習会が行なわれている。

しんりんげんかい【森林限界】 森を形成する高木の生存可能な高度の限界。日本の中部山岳地帯では標高2500mほど。

スタッフバッグ[stuff bag] バックパックの中で使う荷物整理用袋。軽量で防水性のある生地で作られているものがよい。

ストーブ[stove] 炊事などに使われる火器のこと。コンロ、バーナーともいう。燃料は使い切りのカートリッジタイプと、詰め替え式のボトルタイプがある。前者はガスを燃料とし、後者はホワイトガソリンなどを燃料とする。

すどまり【素泊まり】 山小屋などの利用形態のひとつで、食事がつかない宿泊。布団などの寝具のつかない素泊まりもある。

スパッツ[spats] 靴内部への雪や砂利などの侵入を防ぐための用具。靴全体を覆うタイプや、足首部分を覆うタイプがある。ゲイターともいう。

せつえい【設営】 テントを張ること。たたんで回収することは、撤収という。

せっけい【雪渓】 降雪や雪崩などで谷を埋めた雪が遅くまで残っている状態。稜線上などに残っている場合は、雪田という。日本三大雪渓と呼ばれるのは、白馬岳の大雪渓、針ノ木岳の針ノ木雪渓、剱岳の剱沢雪渓。

せっぴ【雪庇】 稜線上に強風によってできる雪の張り出し。

ぜつめつきぐしゅ【絶滅危惧種】 生物で、現在の状態が続けば一個体も生存できなくなる種のこと。

そうじほう【双耳峰】 顕著な頂上を2つもった山。谷川岳の「トマの耳、オキの耳」や鹿島槍ヶ岳、筑波山など。

た

たいかんおんど【体感温度】 温度計で測定される気温とは別で、体に直接感じる温度のこと。体が濡れていたり、強風が吹くことで下がり、風速1mにつき体感温度は約1度下がる。

だっすいしょう【脱水症】 汗のかきすぎや水分摂取が足りないために、体内の水分が少なくなってしまう症状。足がつったり、脱力感などの症状が出ることもある。脳梗塞の原因にもなる。

ちけいず【地形図】 国土地理院発行の2万5000分ノ1あるいは5万分ノ1の地形図のこと。ガイドマップのようにコースタイムなどの記載はないが、地図記号や等高線などから地形を読むのに適している。

ちとう【池塘】 高層湿原にある小さな池。なんらかの理由によって、湿原のなかに植物が生育できない場所が生まれ、そこが湿原の発達から取り残されてできる。数多くの水生生物が成育している。

池塘

ツエルト[独 Zeltsack] 緊急用の小型軽量テント。テントと違い床面が縫い合わされていないので、かぶったり、広げたりと状況に応じた使い方ができるタイプが一般的。

つづらおり【つづら折り】 山腹の急斜面をジグザグにたどる坂道。

つりおね【吊尾根】 近接したふたつの頂上を結ぶ稜線が、吊橋を架けたように弧を描くところ。鹿島槍ヶ岳の南峰と北峰を結ぶ尾根など。

であい【出合】 複数の沢が合流するとこ

ろ。また、登山道から目的の沢に入る地点のこと。

ていたい【停滞】 悪天候などのために行動できず、その場(山小屋やキャンプ地)にとどまること。沈殿ともいう。

ていたいおんしょう【低体温症】 体温が通常よりも下がってしまい、体温調節ができなくなる症状。強風や雨、濡れた下着の着用などによって夏でも起こることがある。なるべく早い時期に体を温めることによって防ぐ。低体温症が悪化すると、冬はもちろん、夏でも凍死することがある。

デイパック[daypack] 日帰りハイキングに使うような小型(20ℓ程度)のバックパックのこと。

デイパック

てっぽうみず【鉄砲水】 急激に増水した雨水が土砂などをともなって川や沢を激しく流れ下るもの。集中豪雨や台風、夕立などによっても起こる。

デブリ[仏 dé bris] 雪崩などのときに落ちて積もった雪の塊。

デポ[仏 depot] 冬季登山のときなど、食料や装備をあらかじめ登山ルート上にキープしておくこと。また、山頂の往復など短い距離を行き来するときに、荷物を残置する場合にも用いられる。

テルモス[独 Thermos] 携行できる金属製魔法瓶のこと。もともとはドイツのメーカー名から。

てんば【テン場】 キャンプをするためにテントなどを設営する場所。テント場、キャンプ場、幕営地ともいう。キャンプ指定地が決められている区域もある。

とうしつせいぼうすいそざい【透湿性防水素材】 雨具などで、雨などの水は内側に通さず、内側からの水蒸気は外に逃がすよ

うな構造になっている素材。ゴアテックスが有名だが、各社からさまざまな素材が出ている。

とざんとどけ【登山届】 登山計画書。登山の行動予定、メンバーの住所や緊急連絡先などを記入して、出発前に地元警察などに提出したり、家族に渡しておく。登山口に登山届を入れるポストがあることも。

としょう【徒渉】 水流を徒歩で対岸に渡ること。飛び石で渡れる場所もあれば、ひざから腰くらいまで水につかることもある。水量は季節や天候によって大きく変わる。

とむらうしやまそうなんじこ【トムラウシ山遭難事故】 2009年7月16日に起きた、9人が死亡した事故。死因は全員、低体温症。

トラバース[traverse] 山腹を横切ること。山頂を通過せずに山腹を巻く場合などに使われる。

トレイル[trail] 雪面や岩礫帯、ヤブなどにつけられた踏み跡。トレースもほぼ同じ意味で使われている。また、登山道をトレイルと呼ぶこともある。

トレイルランニング[trail running] 山道を歩かないで、走る登山形態。トレランなどと略すこともある。日本各地で大会も行なわれている。

トレッキング[trekking] 本来は海外の山岳地帯で行なわれる比較的長期間の徒歩旅行のこと。登頂を目的とせず、歩くことそのものを楽しむのが特徴。最近は、国内での山麓周遊ハイキングなどを含む。

トレッキングシューズ[trekking shoes] ハイキングや低山の登山に使う軽登山靴のこと。スニーカーのような簡単なものから本格的な革製のものまで含むことがある。

トレッキングポール[trekking pole] 歩行補助用の杖。ストックともいう。ひざや腰の負担を軽減し、推進力をつけ、バランスをとるのに役立つ。両手にストックを持って歩くことをダブルストックという。ストックの突いた穴が登山道を荒らすこともあるので、使い方には注意が必要。

な

ナイフエッジ[knife edge] ナイフの刃のように鋭く切り立った岩や雪の稜線。ナイフリッジは和製英語だが、同じ意味。

にじゅうさんりょう【二重山稜】 ふたつの稜線がほぼ並行している地形。山地の隆起や残雪による崩壊などが原因といわれる。蝶ヶ岳などで見られる。「二重稜線」ともいう。

ニッカーボッカー[knickerbockers] 昭和のころに流行した、ひざ丈の登山用七分ズボン。ひざ下までの長い靴下(ニッカーホーズ)を合わせる。もともとヨーロッパのスタイルである。ニッカーは厚いウール製のものが多く、高温多湿の日本の山に合わない。

ねっちゅうしょう【熱中症】 体温が激しく上昇し(40度以上)、通常の身体反応で体温調節ができなくなる重度の高体温疾患。死亡する恐れがある。軽度のものは熱けいれん、中度のものは熱疲労という。夏場の登山では服装の着脱による体温調節、水分補給などを心がける必要がある。

のっこし【乗越】 尾根を乗り越えるところ。道がある(あった)場合は峠と呼び、乗越は道の有無は問わない。

のぼりゆうせん【登り優先】 狭い登山道ですれちがう場合に、歩行時間が長い登りの人に下りの人が道を譲る、山のマナーのひとつ。場所や時間、すれちがう人数により臨機応変に対応する。

は

ハイドレーションシステム[hydration system] 歩きながら水を飲めるようにしたシステム。バックパック内に収納した水筒からチューブが伸びている。

パッキング[packing] 荷物をバックパックに詰めること。

バックパック[backpack] 登山で使われる背負い袋。いわゆるザックのこと。

バックパックカバー[backpack cover] バックパックにかける雨よけのこと。完全防水ではない。

バテる 非常に疲れて動けなくなること。空腹で体に力が入らなくなることを「シャリばて」という。

パノラマ[panorama] さえぎるもののない広大な眺め。

バリエーションルート[variation route] 整備された一般登山道以外のルート。通常は一般道より困難で、クライミングや沢登りなどの対象となる。

ピークハント[peak-hunting] 山頂に登ることを目的とした登山のこと。登頂を最優先する登山者をピークハンターと呼ぶ。

ひざがわらう【ひざが笑う】 下り道が長く続いたときに、脚の筋肉が疲労し、力が入らなくなる状態。ひざがガクガクする。長時間「ひざが笑う」状態を続けると、ひざの関節を痛めることがある。

ひじょうしょく【非常食】 遭難などの非常事態に備えて携帯しておく食料。軽量で高カロリー、かつ、火や水を必要としないものが望ましい。

ピストン[piston] 同一コースから山頂などを往復すること。本来の意味は、同一行程を休みなく往復すること。

ひたいしょうさんりょう【非対称山稜】 一方が急な斜面で、反対側がゆるやかな斜面になっている山の稜線。後立山連峰が特徴的。

非対称山稜

ひなんごや【避難小屋】 本来は、天候急変時などにおける一時的な避難施設。たいていは無人だが、シーズン中のみ管理人が常駐するところもある。また、緊急時のみの利用に限られる小屋もある。

ビバーク[独 Biwak] 露営の意味で、宿

泊施設を利用しないで一夜を明かすこと。予期せぬ事態でやむなく行なう場合を指すことが多い。

ビブラム[伊 Vibram]　ビブラム社製の、登山靴やトレッキングシューズのゴム底のこと。ビブラムソール。

ひょうが(ちけい)【氷河(地形)】　夏でも解けずに越年した雪が、自分の重さで圧縮して固まって氷となり、部分的に解けて低いほうへと流れ下るもの。これまで、日本に氷河はないといわれてきたが、2012年4月に日本雪氷学会が剱岳の三ノ窓雪渓と小窓雪渓、立山の御前沢雪渓に存在する氷体を氷河であると認定した。

ひろうとうし【疲労凍死】　疲労と寒さで体力を消耗し、凍死してしまうこと。真夏でも台風などの悪天候下での行動や、無理な長時間行動によって、低体温症から疲労凍死にいたることがある。

ピンチバッグ[pinch bag]　エマージェンシーバッグ、ピンチセットとも。非常食、医療用具、火をおこすための燃料など、緊急事態に備えて持っておきたいものをひとまとめにしたセット。

ファーストエイド[first aid]　応急処置のこと。常備薬や外傷薬などをまとめたセットを常備し、かつ、山でできる応急処置の知識や技術も身につけておきたい。ファーストエイドのための道具をまとめたセットがファーストエイドキット。

ぶき【武器】　山で食事に使う箸やスプーンなどの総称。

武器

ふみあと【踏み跡】　人や動物が通ることによってついた跡。非常に不明瞭なものから、登山道と間違えるほどはっきりしたものまである。

フリーズドライ[freezedrying]　冷凍乾燥させて製造された食品。軽量で保存性があり、登山に適している。多くの栄養素も素材のまま保持されている。湯や水でもどして食べることが多い。

ブロッケン[独 Brocken]　山で太陽の斜光線を背に受けたとき、正面の霧や雲に自分の姿が映し出される現象。ドイツのブロッケン山で初めて観測されたことからこの名前がついた。ブロッケン現象ともいう。

ぶんすいれい【分水嶺】　山頂や稜線が、水系を分ける境界となっているところ。

ヘッデン　ヘッドランプの俗称。ヘッド(頭)＋電灯から。

ほーるど【ホールド】　岩場の手がかり。

ボッカ【歩荷】　歩いて荷物を運ぶ人のこと。また、重い荷物を背負うこと。

ホワイトガソリン[whitegasoline]　登山用コンロ燃料として使用する。白ガソリンともいう。車などに使用するガソリンと違い、より精製されているので、噴出部の目詰まりや、ススの発生が少ない。登山用具店などで購入できる。

ポンチョ[西 poncho]　頭からかぶり、上半身を覆う雨具。風に弱く、山の稜線では使いにくいため一般的ではない。蒸れにくく、バックパックまでカバーできる利点もある。

ま

まく【巻く】　通過困難な場所やピークを迂回すること。迂回路を巻き道と呼ぶ。

まど【窓】　急峻に切れ込む稜線。キレットの富山県側の呼び名。大窓、小窓、三ノ窓など。

まめ【肉刺】　靴ずれでできる水疱のこと。登山靴が合わない場合や、摩擦による高温や湿気などの原因によって起こる。皮膚が赤くなった時点で、保護パッドなどを貼って予防する。

みずば【水場】　登山コース中にある水の補給地。残雪や湧き水などがある。季節に

よって涸れることもあるので注意。

むなつきはっちょう【胸突き八丁】　急峻な登りのこと。一般に、頂上や峠近くのコース終盤に現われる急坂を指す。

もくどう【木道】　湿原やお花畑などの植生保護のために敷かれた木の歩道。濡れると滑りやすい。

木道

モルゲンロート[独 Morgenrot]　山々が朝日で赤く染まること。逆に、夕日に染まることをアーベントロートという。

モレーン[moraine]　氷河により運ばれた岩石が氷河末端や氷河の横に堆積した地形。アルプスやヒマラヤなどの山岳氷河が発達した地域で見られる。日本では北海道の高山、槍沢や涸沢などの日本アルプスで見られる。

や

やせおね【ヤセ尾根】　両側が鋭く切れ落ちた細い尾根。登山コースによっては、馬ノ背、刃渡りなどと呼ばれる。

ヤッホー[yo-ho]　山頂であげる声。近年は減ってはいるが日本の山では一般的。しかし、日本独特の文化である。語源ははっきりしないが、ヨーロッパからもたらされたもの(ヨーデルなど)が変化していったという説がある。

ヤブこぎ　ヤブをかき分けながら進むこと。タケ、ササ、灌木などヤブの種類はさまざま。一般登山道であっても、刈り払いのないコースでは、ヤブこぎを強いられることもある。

やまや【山屋】　登山愛好家、登山マニアなどのこと。「山ヤ」とも書く。沢登り愛好家を「沢屋」、岩登り愛好家を「岩屋」ということもある。

ゆきがた【雪形】　雪解けの時期に残雪の形や地肌の文様が、人や馬などなんらかの形に見えること。

よびび【予備日】　登山日程に余裕をもたせるために、計画に組み込んでおく日。悪天候時に停滞をする場合などに使用する。

ら

らくせき【落石】　上から落ちてくる石。自然落石と人為落石がある。落石を起こしたり、落ちてくるのを見かけたら、「ラク!」と大声で叫んで周囲の人に知らせるのがマナー。

らっせる【ラッセル】　雪山で、深雪をかき分けて歩くこと。

リッジ[ridge]　尾根や山稜のこと。

りょうせん【稜線】　峰と峰とを結ぶ尾根の連なり。山稜のなかでも、特に山の最高点を結んだ線。

リングワンデルング[独 Ringwande-rung]　視界の悪い場所で道に迷い、歩いているうちにいつのまにか元の場所に戻ってきてしまうこと。霧や降雪、夜間行動などのときや、地形的な特徴がない場所で起こりやすい。

りんどう【林道】　車が通ることのできる、広い山道。林業作業用の道や普通車が通れる道をいう。路面の未舗装、舗装は問わない。

ルートファインディング[routefinding]　自分が進む正しい道や方向を見つけること。

レイヤード[layered]　重ね着。ベース(アンダーウェアなど)、ミッド(フリースなど)、アウター(透湿性防水素材ウェアなど)に大別される。

レッドデータブック[red databook]　絶滅危惧種のリスト(レッドリスト)を記載した本。

ローインパクト[low impact]　自然のなかでの活動で、環境に与える影響を最小限度にとどめて行動することやその考え方。

ろがん【露岩】　地上に露出している岩石。蛇紋岩など、露岩を構成する岩によって滑りやすくなることもある。

あとがき

　本書は2013年発刊の『Q&A　登山の基本』（山と溪谷社）を底本とし、加筆・修正して再編集したものである。

　一口に「登山」と言っても、その形態は様々だ。本書冒頭でも触れているが、自然を愛でるハイキングから専門技術が必要なバリエーションルート登山まで、楽しみ方は多種多様だ。本書ではハイキングから一般登山（管理された登山道を歩く登山）までの、登山初心者が身につけておきたいノウハウを集めている。

　登山はリスクと隣り合わせのアクティビティである。設定ルートを歩きとおす体力はあるか、持っていく水や食料は充分か、悪天候時やケガをしたときの判断ができるか……。日常では簡単に解決できることが大自然のなかでは一大事になりかねない。山に一歩踏み出すとき、不安を感じるのは当然のことだ。そして、その不安は決して悪いことではない。不安を解消するために身につける知識や技術が、登山を安全に、そして豊かにしてくれる。

　本書は登山初心者が疑問に思うことに回答するQ&A形式を取っている。「計画づくり」「装備」「地図」などカテゴリごとにQ&Aをわけ、読者の不安や疑問にすぐに答えられる構成となっている。また、巻末にはよく使用される登山用語について解説をつけているので参考にしてもらいたい。

　製品の小型化や情報の高速化が進む現代社会においても、山は変わらず雄大で穏やかな時間が流れている。登山の魅力を最大限に感じるために、山や登山について知ることから始めてほしい。

ワンダーフォーゲル編集部

山のABC　Q&A 登山の基本　　　　　　　　　　YS051

2020年8月1日　初版第1刷発行

著者　　　ワンダーフォーゲル編集部編
発行人　　川崎深雪
発行所　　株式会社山と渓谷社
　　　　　〒101-0051 東京都千代田区神田神保町1丁目105番地
　　　　　https://www.yamakei.co.jp/
　　　　　■乱丁・落丁のお問合せ先
　　　　　　山と渓谷社自動応答サービス　TEL：03-6837-5018
　　　　　　受付時間／10：00-12：00、13：00-17：30（土日、祝日を除く）
　　　　　■内容に関するお問合せ先
　　　　　　山と渓谷社　TEL：03-6744-1900（代表）
　　　　　■書店・取次様からのお問い合わせ先
　　　　　　山と渓谷社受注センター　TEL：03-6744-1919
　　　　　　　　　　　　　　　　　　FAX：03-6744-1927

印刷・製本　図書印刷株式会社